TUDO para o Professor

CeNE
Central de Negócios Editoriais

Editores
Equipe CeNE

Revisão
Julie Oliveira
Joelci Morais

Capa, Projeto Gráfico e Diagramação
Charles Monte
charles.monte@gmail.com

Edição conforme o Novo Acordo Ortográfico da Língua Portuguesa

Dados Internacionais para Catalogação na Publicação (CIP)

Tudo para o professor / Obra coletiva.
Fortaleza/CE : CeNE, 2015.

192 p. ; 18 x 25 cm.

ISBN 978-85-68941-02-7

1.Professor. 2. Educação

CeNE
Central de Negócios Editoriais

Av. Santos Dumont, 1343 | Loja 04
Centro | CEP 60150-160 | Fortaleza | CE
comercialcene@gmail.com
(85) 2181-6610

Só desperta
paixão de aprender
quem tem paixão
de ensinar.

Paulo Freire

Educadores Convidados:

- **Dalmir Sant'Anna:** ***Excelência em apresentações:*** *a oratória como ferramenta primordial no ensinar e aprender*
- **Yêdda Freire:** *Ser ou não ser Professor*
- **Walkiria Kaminski:** ***Arte:*** *expressão da beleza e realização humana*
- **Silvia Silton:** *O Uso do Computador na Aprendizagem do Conhecimento*
- **Casemiro Campos:** *A Docência e a Gestão da Formação do Professor*
- **Celso Antunes:** *O Acróstico da Disciplina em Sala de Aula*
- **Felipe Rima:** *Eu Acredito no Poder dos Sonhos!*
- **Amelia Albuquerque:** *O que Posso Aprender com Isso?*
- **Max G. Haetinger:** *Criatividade, Inovação e Encantamento: A Reinvenção da Escola*
- **Rouxinol do Rinaré:** *Cordel: Entretenimento e Educação*
- **Cicera Nunes:** *O Ensino das Africanidades na Escola de Educação Básica*
- **Fernando Paixão:** *O desafio de educar em valores numa crise de valores*

Aos mestres com carinho

Tenho uma memória carinhosa de minha primeira professora. Ela tinha um abraço quente e afetuoso e era uma extraordinária contadora de histórias. Com ela aprendi a ler e a amar os livros. Lembro do quanto cobrei de minha mãe um presente para surpreendê-la no dia do professor. Foi difícil decidir o que comprar. Queria lhe dar algo muito especial que pudesse traduzir o meu sentimento de amor e gratidão.

Tantos anos depois esse desejo ainda me mobiliza. Oferecer aos professores de minha terra esse reconhecimento pelo trabalho que realizam e que é essencial na construção da sociedade humana.

Certamente os professores merecem tudo de bom, e mesmo sabendo que esse tudo talvez seja a utopia tão sonhada, nos apropriamos dela para afirmar nossa certeza de que, cuidar bem dos professores e das professoras é cuidar do presente e do futuro, é fortalecer a cidadania, é caminhar para a conquista da justiça social.

Imbuídos desses sentimentos, preparamos carinhosamente este livro que é ao mesmo tempo, caderno de anotações, reflexões e ponte para dialogar com grandes autores, também questionar, entreter e oferecer alternativas para respirar o sonho e a prática educadora.

Desejamos que você veja florescer a semente do aprendizado regada em cada gesto de amor, pois bem sabemos que o sucesso de seu educando é tudo, para mestres como você!

Os Editores

Faça parte desta galeria!

DADOS PESSOAIS

Nome

Endereço Nº

Cidade UF CEP

Telefone Celular

E-mail

RG CPF

Habilitação Passaporte

Observação

EMPRESA

Nome

Endereço Nº

Cidade UF CEP

Telefone Celular

Observação

EMERGÊNCIA

Comunicar a Fone

Endereço Nº

Plano saúde Fone

Hospitais

Alérgico a Tipo sanguíneo

Medicamento Dosagem Horário

Observação

DIREITOS DO LEITOR

1. O direito de não ler.
2. O direito de pular páginas.
3. O direito de não terminar um livro.
4. O direito de reler.
5. O direito de ler qualquer coisa.
6. O direito ao bovarismo (doença textualmente transmissível).
7. O direito de ler em qualquer lugar.
8. O direito de ler uma frase aqui e outra ali.
9. O direito de ler em voz alta.
10. O direito de se calar.

Ler é um ato mágico; mas a magia da leitura perde-se quando o livro deixa de ser "vivo", ou seja, quando deixa ele de ser lido na infância e passa a ser leitura obrigatória no programa escolar. Ler em voz alta e para ouvintes constitui um extremo ato de compartilhamento e de conhecimento. A leitura de obras literárias, não importando a forma escolhida, conta uma história. Para entendê-la, conforme assegura Daniel Pennac, o autor desses "Direitos", basta voltar ao despudor da primeira infância, de querer tudo descobrir.

E você? O que está fazendo para mudar o mundo?

Janeiro

Janeiro é o primeiro mês do ano no calendário juliano e gregoriano. É composto por 31 dias. O nome provém do latim *Ianuarius*, décimo primeiro mês do calendário de Numa Pompílio, o qual era uma homenagem a Jano, deus do começo na mitologia romana, que tinha duas faces, uma olhando para trás, o passado e outra olhando para a frente, o futuro. Júlio César estabeleceu que o ano deveria começar na primeira lua nova após o solstício de inverno, que no hemisfério norte era a 21 de dezembro, a partir do ano 709 romano (45 a.C.).
Nessa ocasião o início do ano ocorreu oito dias após o solstício. Posteriormente o início do ano foi alterado.

Excelência em Apresentações: a oratória como ferramenta primordial no ensinar e aprender

Dalmir Sant'Anna

Mestre em Administração de Empresas. Pós-graduado em Gestão de Pessoas e em Magistério Superior. Bacharel em Comunicação Social. Autor de livros na área comportamental.

É notório como algumas pessoas, incluindo educadores, acadêmicos, líderes, vendedores e profissionais dos mais diversos setores, ao se aproximar o momento de falar em público, alimentam as chamas da intranquilidade e do nervosismo. Deixam de explorar aspectos interessantes da sua apresentação e permanecem demasiadamente preocupadas com equívocos que ainda não cometeram ou aconteceram. Uma excelente apresentação e coerente expressão verbal exigem do orador preparação de um roteiro prévio, determinando conhecimento e desenvoltura sobre o que estará sendo apresentado.

Credibilidade do assunto – Observe o ambiente e a acústica da sala onde estará realizando a sua apresentação. Conforme a quantidade de pessoas, utilize um microfone para ser compreendido por seus ouvintes. Quando elaborar slides para uma apresentação, procure usar empatia, colocando-se no lugar dos participantes. Todas as pessoas devem ser capazes de ler o que você está projetando nos slides. Componha frases objetivas, preferencialmente, representando a essência de uma ideia. Essas ações visam oferecer maior eficácia e aumento da credibilidade do assunto a ser apresentado por você. Utilize uma linguagem que seja coerente ao público participante e ao contexto do tema explorado. Ao usar citações de textos, dados estatísticos ou alguma pesquisa, lembre-se de coibir qualquer tipo de plágio. Não é vergonha comentar que determinada frase não é de sua autoria, ao contrário, mostrará sua humildade de não ser o dono da razão, bem como a confiabilidade de que outras fontes de referências foram pesquisadas.

Expressão corporal – Todo o corpo expressa a fala quando estamos comunicando uma mensagem a outra pessoa, principalmente durante as aulas, os cursos, seminários, palestras ou os discursos. A atenção para a expressão corporal é essencial e os gestos devem ser os mais naturais possíveis. As movimentações das suas pernas e das suas mãos devem ser ordenadas, evitando atrapalhar a mensagem que você estará transmitindo à sua plateia. Quando caminhar, seus movimentos devem ser triangulares para explorar o máximo do ambiente onde está posicionado. Olhe para as mais diversas direções e pontos, não limitando seus olhos unicamente para um local específico. Ao falar em público, o orador precisa trabalhar a expressão corporal, evitando transparecer que é um robô imóvel. Lembre-se de que a naturalidade é fundamental em uma comunicação e proporcionará desenvoltura, conhecimento e empatia aos participantes.

> Treine sempre sua fala e acredite que há dentro de você uma força impulsionadora capaz de mostrar o quanto pode transformar ideia em realizações, projetos em concretizações, sonhos em vida.

Convite para falar – Discursos realizados de maneira espontânea costumam ser agradáveis. Se você conseguir tempo hábil, anote os principais tópicos da sua fala para seguir uma sequência lógica e não deixe a responsabilidade do discurso para sua memória. Caso tenha que realizar a leitura de um texto, verifique se há luminosidade suficiente para não prejudicar sua fala. Em seguida, segure a folha apoiada em uma pasta para que não fique balançando em suas mãos. Quando receber um convite para falar de improviso, inicie sua comunicação utilizando um pensamento, uma poesia ou um trecho de uma música. Evite iniciar dizendo que foi uma surpresa ser convidado para falar e cuidado com piadas na introdução de sua fala, pois elas podem gerar gafes e efeitos indesejáveis. Depois de realizada a introdução, desenvolva uma

Por medo, inúmeras pessoas deixam de ser felizes, de alcançar metas e superar desafios. Amadurecemos ao despertar a consciência das limitações, dos erros, preconceitos e medos.

saudação às autoridades presentes, seguindo as normas do protocolo e, com naturalidade, realize uma ligação com o que estará falando. Procure deixar distante da sua fala o "eu acho", pois esta expressão transmite além de insegurança, conotação duvidosa aos ouvintes. Na conclusão, retome a sua fala inicial (pensamento, poesia ou trecho da música) e deixe uma mensagem de incentivo, autoestima e encorajamento aos seus ouvintes.

Falar de um assunto distante do seu campo de conhecimento e sem nenhum preparo anterior, poderá comprometer a imagem do orador. Seu texto, durante a apresentação, deve ter relação com sua expressão corporal e fortalecer que você está em constante atualização, munido de informações e com conhecimento para falar sobre o assunto que está sendo proposto. Gosto sempre de afirmar que "o medo de fracassar levou inúmeras pessoas a desistirem da concretização de seus sonhos". Por medo, inúmeras pessoas deixam de ser felizes, de alcançar metas e superar desafios. Amadurecemos ao despertar a consciência das limitações, dos erros, preconceitos e medos. Mas também crescemos quando percebemos as oportunidades, a superação e as conquistas. Quanto mais você criar um distanciamento entre o erro e o êxito, mais estará se libertando do medo. Treine sempre sua fala e acredite que há dentro de você uma força impulsionadora capaz de mostrar o quanto pode transformar ideia em realizações, projetos em concretizações, sonhos em vida. Vamos tentar?

1 dom seg ter qua qui sex sáb

dom seg ter qua qui sex sáb 2

3 dom seg ter qua qui sex sáb

JAN

dom seg ter qua qui sex sáb 4

5 dom seg ter qua qui sex sáb

dom seg ter qua qui sex sáb **6**

7 dom seg ter qua qui sex sáb

dom seg ter qua qui sex sáb **8**

JAN

9 dom seg ter qua qui sex sáb

dom seg ter qua qui sex sáb **10**

11 dom seg ter qua qui sex sáb

dom seg ter qua qui sex sáb 12

13 dom seg ter qua qui sex sáb

JAN

dom seg ter qua qui sex sáb 14

15 dom seg ter qua qui sex sáb

dom seg ter qua qui sex sáb **16**

17 dom seg ter qua qui sex sáb

dom seg ter qua qui sex sáb **18**

JAN

19 dom seg ter qua qui sex sáb

dom seg ter qua qui sex sáb **20**

21 dom seg ter qua qui sex sáb

dom seg ter qua qui sex sáb **22**

23 dom seg ter qua qui sex sáb

JAN

dom seg ter qua qui sex sáb **24**

25 dom seg ter qua qui sex sáb

dom seg ter qua qui sex sáb **26**

27 dom seg ter qua qui sex sáb

dom seg ter qua qui sex sáb **28**

JAN

29 dom seg ter qua qui sex sáb

dom seg ter qua qui sex sáb **30**

31 dom seg ter qua qui sex sáb

Anotações

Não há saber mais ou saber menos. Há saberes diferentes.

Paulo Freire

JAN

Fevereiro

Fevereiro é o segundo mês do ano, pelo calendário gregoriano. Tem a duração de 28 dias, a não ser em anos bissextos, em que é adicionado um dia a este mês. O nome fevereiro vem do latim *februarius*, inspirado em Férbuo, deus da morte e da purificação na mitologia etrusca. Originariamente, fevereiro possuía 29 dias e 30 como ano bissexto, mas por exigência do Imperador César Augusto, de Roma, um de seus dias passou para o mês de agosto, para que este ficasse com 31 dias, semelhante a julho, mês batizado assim em homenagem ao Imperador Júlio César.

Ser ou não ser Professor

Yêdda Freire

Pedagoga e Especialista em Leitura e Formação do Leitor. Coordenadora Estadual da Educação Infantil no Programa PAIC/SEDUC e Orientadora de estudos no PNAIC-Programa de Formação do Professor Alfabetizador/MEC.

Qual profissional é considerado a base do desenvolvimento de um país, alicerce de todas as profissões e o sustentáculo do que é mais lúcido e inteligente entre nós e que sem ele nem conheceríamos o significado do que somos?

Certamente você deve ter respondido que é o professor; e esses questionamentos tiveram na verdade o intuito de destacar a importância que esse profissional tem para a construção da cidadania de um país e, ao mesmo tempo, provocar uma reflexão quanto aos desafios que ele enfrenta numa sociedade tão complexa e desigual.

Quem tem acompanhado as mudanças no mundo sabe que elas não cessam de acontecer e muitas novidades surgem diariamente. O que ontem acreditávamos como sendo verdadeiro, já não mais defendemos hoje. Certeza mesmo só a própria incerteza.

Essas mudanças estão cada vez mais rápidas devido, sem dúvida, à revolução da tecnologia experimentada na atual sociedade, principalmente, na área das comunicações e da informação, exigindo que cada um de nós tenha que ser um cidadão atualizado, rompendo muitas vezes com formas de ler o mundo, aprendidas nos bancos escolares.

Tudo isso tem um profundo impacto sobre o professor e sua forma de ensino, já que cria uma demanda de um novo perfil profissional que venha a atender às novas exigências de uma relação indivíduo – profissão – sociedade.

E como fica o professor para atender a todas essas inovações sociais, uma vez que é o profissional responsável pela construção da base do desenvolvimento de uma nação e também o alicerce das demais profissões?

Além de atender a todas essas exigências sociais é imprescindível que o professor também esteja muito comprometido com o desenvolvimento humano e não somente com o repasse de conteúdos. **A educação é uma ferramenta de libertação.**

Essa é uma missão bastante desafiadora, já que dela dependerá a eficiência dos demais profissionais que obrigatoriamente passam pelas mãos mágicas de um professor, construtor de uma cidadania crítica, pois um povo educado é um povo que sabe respeitar o seu semelhante com ética e moral em uma cidadania digna de um país livre.

Todos os profissionais dependem do desempenho do professor para colocar em prática com competência e habilidade tudo que com os mestres aprenderam.

Então, ser professor é exercer a mais refinada profissão. Um profissional na arte de melhorar o ser humano, numa sociedade em constante mudança, um missionário no desenvolvimento da consciência humana e social. Ser comprometido com as pessoas e não apenas com o repasse teórico do conteúdo curricular, mas acima de tudo com o bom uso desses conteúdos, a fim de contribuir para a evolução da consciência do ser humano na sua complexidade.

Entendemos também que a tarefa do professor é nobre e gratificante, mas exige um esforço e um empenho constante. Sem o professor seria impossível conceber a sociedade em contínua evolução cultural e científica.

Todos os profissionais dependem do desempenho do professor para colocar em prática com competência e habilidade tudo que com os mestres aprenderam.

Diante de todas essas afirmações, a profissão docente abrange tantas singularidades que fica quase impossível citar todas elas, entretanto, essas reflexões têm o objetivo maior de chamar a atenção de todos os profissionais, para destacar a importância que um professor exerce numa nação e, assim, valorizar sua preciosa e imprescindível contribuição.

A atuação de verdadeiros educadores representa a prevenção social tão desejada, contra profissionais inconscientes de suas funções na construção de uma sociedade mais justa e melhor.

Acreditamos que não há dinheiro que pague a recompensa de "ser um idealizador de sonhos e um transformador de realidades", como bem foi dito por Paulo Freire, o maior exemplo de professor que o nosso país já viu. E você, também acredita nisso?

> Ensinar é um exercício de imortalidade. De alguma forma continuamos a viver naqueles cujos olhos aprenderam a ver o mundo pela magia da nossa palavra. O professor, assim, não morre jamais.
>
> Rubem Alves

1 dom seg ter qua qui sex sáb

dom seg ter qua qui sex sáb 2

3 dom seg ter qua qui sex sáb

FEV

dom seg ter qua qui sex sáb 4

5 dom seg ter qua qui sex sáb

dom seg ter qua qui sex sáb **6**

7 dom seg ter qua qui sex sáb

dom seg ter qua qui sex sáb **8**

FEV

9 dom seg ter qua qui sex sáb

dom seg ter qua qui sex sáb **10**

11 dom seg ter qua qui sex sáb

dom seg ter qua qui sex sáb **12**

13 dom seg ter qua qui sex sáb

FEV

dom seg ter qua qui sex sáb **14**

15 dom seg ter qua qui sex sáb

dom seg ter qua qui sex sáb **16**

17 dom seg ter qua qui sex sáb

FEV

dom seg ter qua qui sex sáb **18**

19 dom seg ter qua qui sex sáb

dom seg ter qua qui sex sáb **20**

21 dom seg ter qua qui sex sáb

dom seg ter qua qui sex sáb 22

23 dom seg ter qua qui sex sáb

FEV

dom seg ter qua qui sex sáb 24

25 dom seg ter qua qui sex sáb

dom seg ter qua qui sex sáb **26**

27 dom seg ter qua qui sex sáb

FEV

dom seg ter qua qui sex sáb **28**

29 dom seg ter qua qui sex sáb

Anotações

FEV

A educação visa melhorar a natureza do homem o que nem sempre é aceito pelo interessado.

Carlos Drummond de Andrade

Março

O mês de março é o terceiro mês do ano no calendário gregoriano e um dos sete meses com 31 dias. O nome "março" surgiu na Roma Antiga, quando era o primeiro mês do ano e chamava-se *Martius*, de Marte, o deus romano da guerra. Em Roma, onde o clima é mediterrâneo, março é o primeiro mês da primavera, um evento lógico para se iniciar um novo ano, bem como para que se comece a temporada das campanhas militares.

Arte: expressão da beleza e realização humana

Walkiria Kaminski

Mestra em Letras - Teoria Literária pela PUC Paraná. Arte-terapeuta dedicada à saúde mental e também ao atendimento em arte para autistas, escritora e consultora educacional.

Desde o princípio dos tempos

na Terra o homem sonha com a autorrealização e com a felicidade. Essa busca é impulsionada pela necessidade profunda de manifestar seus conteúdos internos, de tornar visíveis seus sentimentos, desejos e ideais, de unir o universo interno ao mundo externo. Para dar vazão a essa necessidade, acabou "inventando" a Arte como linguagem, oriunda da própria alma. Com ela, o homem podia tornar real e concreta suas próprias expressões íntimas e sairia, pelos tempos afora, geração após geração, em busca da realização dos mais sublimes ideais.

As primeiras manifestações dessa linguagem, feitas em forma de desenhos e pinturas há milhares de anos pelo *homo sapiens,* foram descobertas em paredes de pedra em diferentes partes do mundo.

Com essas antigas representações artísticas, os primitivos habitantes das cavernas criaram as primeiras obras de Arte da humanidade. Na pré-história, antes mesmo de inventar a escrita, o homem usaria a Arte para registrar o que acontecia no seu cotidiano, como vivia e o que sentia naqueles tempos primitivos. Com o tempo, algumas dessas imagens virariam símbolos que ainda hoje usamos na escrita.

Assim como no tempo dos homens das cavernas havia a necessidade de comunicar seus atos e feitos por meio da linguagem artística, hoje sabemos que a Arte é uma necessidade natural a todos os seres humanos.

Essa predisposição natural pode ser observada em todas as crianças, quando rabiscam de maneira impulsiva e espontânea. Ao rabiscar, elas respondem aos impulsos e às necessidades que existem biologicamente em determinadas regiões de nosso corpo e que ficam em estado latente em nossos hemisférios cerebrais.

Dividido ao meio, nosso cérebro apreende e armazena os conteúdos do aprendizado lógico exigidos pela educação tradicional no seu lado esquerdo.

O lado direito, porém, destina-se a armazenar tudo o que aprendemos por intermédio da Arte. Tão importante quanto o lado racional que fica no hemisfério esquerdo, o lado direito, ou o hemisfério da Arte, é tão essencial à vida humana quanto o lado lógico e racional.

> Para sentir-se completo, o homem precisa manifestar seus anseios, sonhos e sentimentos artisticamente.

Muito além do simples aprendizado de conteúdos e da racionalidade, para sentir-se completo, o homem precisa manifestar seus anseios, sonhos e sentimentos artisticamente.

Transformadora de objetos e realidades, expressão do sagrado e do humano, a Arte está presente nos locais de culto e adoração de diferentes culturas e em diversos credos religiosos. Podemos ver essas obras nas imagens de santos e vitrais nas igrejas, nas manifestações populares do folclore e nas apresentações de peças da música clássica e ópera.

Parte essencial na explicação da gênese de muitas das crenças que conhecemos, a Arte é o elemento principal de narrativas passadas de geração a geração entre diferentes culturas e povos.

Alguns orientais acreditam que o mundo e a humanidade foram criados por uma divindade feliz, que dançava e cantava enquanto os criava. Por causa dessa crença de que foram criados por um alegre deus cantor e dançarino, tais povos fazem tanto da música quanto da dança momentos de consagração à vida e atividades importantes no cotidiano de sua cultura em suas celebrações coletivas.

Os textos religiosos da Gênese que norteiam a crença do início do mundo para judeus e cristãos, relatam que Deus, como um escultor, fez o homem modelando o barro e depois, de seu próprio divino hálito, soprou nele a vida.

Em nossa cultura, contam os índios guaranis que os homens foram criados por Nhanderú. Cantando, o deus dos indígenas criou todas as almas que existem e para que essas almas não se perdessem, criou as flautas e colocou dentro delas as almas. Para eles, crença, nossos corpos são as flautas e nossas almas, músicas criadas por Deus. Quando corpo e alma, flauta e música, estão em desarmonia, o homem adoece e para curá-lo os guaranis dançam, harmonizando assim corpo e alma, usando a Arte como forma de medicina natural.

> Os espelhos são feitos para ver o rosto; a Arte para ver a alma.

Nessas diferentes culturas, a explicação de como foram criados o mundo e os homens há um ponto em comum: seja descrito como um cantor e dançarino no oriente, um escultor entre judeus e cristãos, um músico e fabricante de instrumentos de sopro entre os índios brasileiros, Deus é o supremo grande artista e nós, seres humanos, nossos corpos e nossas almas, suas obras de arte.

Enquanto meio de expressão da beleza, de busca divina e materialização do mundo interior do indivíduo, segundo o pintor Paul Klee, "a Arte torna visível o invisível".

Para o artista Georges Braque, "Na Arte só uma coisa importa – aquilo que não se pode explicar", enquanto George Bernard

Shaw acreditava que “Os espelhos são feitos para ver o rosto; a Arte para ver a alma”.

Elemento transformador e fundamental, a Arte permite a manifestação mais profunda dos anseios de realização, beleza e paz nas almas humanas.

Ela dá novos significados a objetos, amplia a própria vida e torna mais belo o mundo em que vivemos; mundo este que seria triste e caótico sem as cores, os sons, o movimento e as maravilhosas descobertas da Arte. Para o poeta Ferreira Gullar: “A Arte existe, porque a vida não basta”.

Movida por suas necessidades interiores, a humanidade desde seus primórdios tem feito da Arte seu canal de expressão do que há de mais profundo, um caminho de ligação entre o humano e o sublime.

Da criança que rabisca ao mais consagrado dos artistas como Michelangelo Buonarroti, criador de tantas maravilhas durante o Renascimento europeu; do artista popular esculpindo santos de madeira nas portas de suas casas humildes do interior brasileiro à grandeza das esculturas do Mestre Aleijadinho nos altares e nas igrejas de Minas Gerais; do anônimo tocador de pífano e triângulo nas festas do interior aos grandes compositores mundiais, a Arte é a expressão maior da beleza e a realização das criaturas.

Manifestação do universo interno de seu criador é por meio da Arte que buscamos a realização dos mais elevados anseios de felicidade, paz, beleza e satisfação humana.

Na educação, a Arte exerce papéis fundamentais como o de estimular a criatividade, facilitar a autoexpressão, abrir novos horizontes culturais, facilitar a leitura de mundo, ampliar conhecimentos e despertar o interesse por novos saberes, além de facilitar práticas transdisciplinares.

A importância do uso das diversas linguagens artísticas na educação, tais como o teatro, o canto, a dança, as artes plásticas em nossa sociedade cada vez mais repleta de comunicações visuais e linguagens não verbais, foi reconhecida pela LDB - Lei de Diretrizes e Bases da Educação Nacional nº 9.394/96. Em seu artigo 26, parágrafo 2º, a LDB define que: O ensino da arte, especialmente em suas expressões regionais, constituirá componente curricular obrigatório, nos diversos níveis da educação básica, de forma a promover o desenvolvimento cultural dos alunos.

Por ser a Arte um patrimônio cultural da humanidade, e todo ser humano tem direito ao acesso a esse saber, compreendemos hoje que aprender por meio dela é uma forma de pedagogia lúdica, agradável, criativa, reflexiva. Com ela, ao mesmo tempo em que se ensina, desenvolve-se a sensibilidade, a criatividade, a imaginação e a percepção. Assim, todas as disciplinas e temáticas de estudo podem se tornar mais atraentes e próximas aos alunos se utilizamos as diversas expressões da Arte no desenvolvimento das atividades.

Lições aprendidas com Arte permanecem mais profundamente em nossa memória e favorecem o desabrochar da autonomia, o fortalecimento da autoestima, a revelação da identidade, a construção coletiva e partilhada de palavras, gestos, histórias, cantos, cultura.

MAR

1 dom seg ter qua qui sex sáb

dom seg ter qua qui sex sáb 2

3 dom seg ter qua qui sex sáb

dom seg ter qua qui sex sáb 4

5 dom seg ter qua qui sex sáb

dom seg ter qua qui sex sáb **6**

7 dom seg ter qua qui sex sáb

dom seg ter qua qui sex sáb **8**

MAR

9 dom seg ter qua qui sex sáb

dom seg ter qua qui sex sáb **10**

11 dom seg ter qua qui sex sáb

dom seg ter qua qui sex sáb **12**

13 dom seg ter qua qui sex sáb

dom seg ter qua qui sex sáb **14**

15 dom seg ter qua qui sex sáb

MAR

dom seg ter qua qui sex sáb **16**

17 dom seg ter qua qui sex sáb

MAR

dom seg ter qua qui sex sáb **18**

19 dom seg ter qua qui sex sáb

dom seg ter qua qui sex sáb **20**

21 dom seg ter qua qui sex sáb

dom seg ter qua qui sex sáb 22

23 dom seg ter qua qui sex sáb

MAR

dom seg ter qua qui sex sáb 24

25 dom seg ter qua qui sex sáb

dom seg ter qua qui sex sáb **26**

27 dom seg ter qua qui sex sáb

dom seg ter qua qui sex sáb **28**

MAR

29 dom seg ter qua qui sex sáb

dom seg ter qua qui sex sáb **30**

31 dom seg ter qua qui sex sáb

Anotações

MAR

O essencial, com efeito, na educação, não é a doutrina ensinada, é o despertar.

Ernest Renan

Abril

Abril é o quarto mês do calendário gregoriano e tem 30 dias. O seu nome deriva do latim *Aprilis*, que significa abrir, numa referência à germinação das culturas. Outra hipótese sugere que Abril seja derivado de *Aprus*, o nome etrusco de Vênus, deusa do amor e da paixão. Outra versão é que se relaciona com Afrodite, nome grego da deusa Vênus, que teria nascido de uma espuma do mar que, em grego antigo, se dizia "abril".

O Uso do Computador na Aprendizagem do Conhecimento

Silvia Silton

Graduada em Educação Física pela Universidade de Fortaleza, com especialização em Telemática em Educação, faz parte da equipe da Coordenadoria do Desenvolvimento Pedagógico da Escola - CODEA na Secretaria da Educação do Estado do Ceará.

As velozes transformações tecnológicas da atualidade impõem novos ritmos e novas dimensões à tarefa de ensinar e aprender. É preciso que se esteja em permanente estado de aprendizagem e de adaptação ao novo. (KENSKI, 2002)

Apesar de a Informática ter surgido com o objetivo de ajudar o comércio e a indústria a gerarem megacálculos, neste cenário, o computador não representava uma tecnologia educacional, pois era utilizado para atividades sem qualquer relação com ensino e aprendizagem.

A cada dia, porém, os computadores vêm evoluindo e adquirindo cada vez mais relevância na vida das pessoas e na área educacional. Sua utilização é vista como instrumento de aprendizagem e sua ação no meio social vem aumentando de forma rápida entre as pessoas.

A internet vem diminuindo a geografia, aproximando culturas e mexendo nas identidades de cada lugar. Hoje, ela contribui de forma avassaladora na comunicação entre estudantes de várias cidades e países diferentes, ampliando neles a possibilidade de expansão e produção de conhecimentos para além da escola.

O uso da internet na área de educação vem mexendo no dia a dia das escolas que, por conta da velocidade e do fluxo de informações disponíveis, ampliam e se reciclam em tempo real. Alertemos, no entanto, para a necessidade de um guia dentro do mundo virtual, e aí está a escola que exerce papel fundamental nesse diálogo entre estudantes e mundo virtual, fazendo com que pesquisas, em especial, tenham objetivos alcançados.

Muitas escolas do Brasil já possuem um Laboratório de Informática com acesso à internet, *softwares* educacionais e programas básicos. Porém, não basta ter os recursos se não soubermos utilizá-los de maneira a garantir o desenvolvimento do aluno.

Professores e alunos devem assumir o papel de protagonistas desse cenário inovador, usando a criatividade, despertando o interesse e a curiosidade dos alunos, elementos fundamentais para a construção do conhecimento.

> A verdadeira integração desses Laboratórios de Informática (computador) na realidade da escola supõe uma nova organização escolar mais descentrada, um currículo mais flexível, a instauração de novos tempos escolares, menos rígidos e programados, mudanças no próprio espaço da sala de aula. E isto não acontece de um dia para outro: requer tempo, ajudas específicas, incentivos, toda uma estrutura de apoio. (FREITAS, 2008, p. 176)

O computador é apenas uma ferramenta educacional, com a qual o aluno desenvolve algo, e, portanto, o aprendizado ocorre pelo fato de ele estar executando uma tarefa. O computador sozinho não é capaz de trazer avanços educacionais. Uma escola que resolve utilizá-lo como recurso didático necessita de bons professores preparados e treinados para utilizar os recursos oferecidos por esse sistema tecnológico de forma significativa.

A utilização dos recursos da informática na sala de aula não pode ser visto como a principal figura educacional. Professores e alunos devem assumir o papel de protagonistas desse cenário inovador, usando a criatividade, o raciocínio e atitudes ativas para oportunizar o desenvolvimento e a organização na construção do pensamento, despertando o interesse e a curiosidade dos alunos, elementos fundamentais para a construção do conhecimento.

Para tanto, é fundamental que o professor se aproprie de novas formas e técnicas de ensino para o desenvolvimento de uma aprendizagem que ultrapasse as barreiras do conhecimento tácito e do senso comum e chegue ao nível da compreensão da relação existente entre as funções psicológicas dos humanos e seus processos de aprendizagens, pois um dos papéis essenciais exercidos pelo professor nessa direção é o de poder atuar como elemento de mediação entre o sujeito aprendiz e o objeto do conhecimento, tendo clareza de que os fatores sociais, culturais, históricos e institucionais, são elementos que, além de influenciadores, são determinantes dos processos de aprendizagens. (FRIGOTTO *et al*, 2005)

Somente dessa forma, o aluno estará se preparando para o mercado de trabalho e para a vida. Para mim, a relevância dessa tecnologia em nossa sociedade é a de manter as pessoas devidamente informadas, por meio de melhor comunicação. Nesse sentido, acredito que o uso do Laboratório de Informática na escola deve ser bem planejado.

Para Levy (2001), toda tecnologia inserida no contexto escolar traz em sua essência a necessidade do envolvimento de todos os agentes da escola, sendo os professores em primeiro plano, depois os estudantes e, por último, os agentes administrativos, a equipe pedagógica e a comunidade. Todos esses agentes necessitam se capacitarem para que haja uma perfeita interação no processo de ensino em que a aprendizagem venha a ocorrer de forma estimuladora e sob uma nova perspectiva.

Surge então o medo do desconhecido, mesmo porque muitos mitos foram criados com a entrada do computador na sala de aula. A máquina chegou a ser vista como o "monstro", mas isso sem a devida compreensão de que *hardware* é o computador - palpável físico;

O professor deve estar aberto para mudanças, principalmente em relação à sua nova postura: o de facilitador e coordenador do processo ensino-aprendizagem; ele precisa aprender a aprender, a lidar com as rápidas mudanças, ser dinâmico e flexível.

que *software* é o programa que será usado para a utilização do computador e que por trás ou na frente dessas partes está o *peopleware* - a parte humana que comanda o conjunto. Sem as pessoas para operá-la a fabulosa máquina de nada adiantaria.

A inovação não está restrita ao uso da tecnologia, mas também à maneira como o professor vai se apropriar desses recursos para criar projetos metodológicos que superem a reprodução do conhecimento e levem à produção do conhecimento.

Os professores devem pesquisar *softwares* interessantes que estimulem a magia do aprender e enriqueçam a beleza do ensinar. A informática, na escola, deve ser vista como uma amiga do professor e nunca como uma rival que irá torná-lo obsoleto, já que ele está seguro do seu papel como educador e facilitador da aprendizagem.

O professor deve estar aberto para mudanças, principalmente em relação à sua nova postura: o de facilitador e coordenador do processo ensino-aprendizagem; ele precisa aprender a aprender, a lidar com as rápidas mudanças, ser dinâmico e flexível. O professor deve ter um novo olhar para essa nova maneira de aprender e de ensinar.

ABR

dom seg ter qua qui sex sáb **1**

2 dom seg ter qua qui sex sáb

dom seg ter qua qui sex sáb **3**

4 dom seg ter qua qui sex sáb

dom seg ter qua qui sex sáb **5**

6 dom seg ter qua qui sex sáb

dom seg ter qua qui sex sáb **7**

8 dom seg ter qua qui sex sáb

dom seg ter qua qui sex sáb **9**

10 dom seg ter qua qui sex sáb

dom seg ter qua qui sex sáb **11**

12 dom seg ter qua qui sex sáb

dom seg ter qua qui sex sáb **13**

ABR

14 dom seg ter qua qui sex sáb

dom seg ter qua qui sex sáb **15**

16 dom seg ter qua qui sex sáb

17 dom seg ter qua qui sex sáb

18 dom seg ter qua qui sex sáb

ABR

19 dom seg ter qua qui sex sáb

20 dom seg ter qua qui sex sáb

dom seg ter qua qui sex sáb **21**

22 dom seg ter qua qui sex sáb

dom seg ter qua qui sex sáb **23**

ABR

24 dom seg ter qua qui sex sáb

dom seg ter qua qui sex sáb **25**

26 dom seg ter qua qui sex sáb

dom seg ter qua qui sex sáb 27

28 dom seg ter qua qui sex sáb

ABR

dom seg ter qua qui sex sáb 29

30 dom seg ter qua qui sex sáb

Anotações

Anotações

ABR

A educação é para a alma o que a escultura é para um bloco de mármore.

Joseph Addison

Maio

Maio é o quinto mês do calendário gregoriano e tem 31 dias. O seu nome é derivado da deusa romana Bona Dea da fertilidade.

Outras versões apontam que a origem se deve à deusa grega Maya, mãe de Hermes. Sob o Antigo Regime francês, era de costume plantar um "Maio" ou "árvore de Maio" na honra de alguém. No Condado de Nice moças e rapazes "giravam Maio" ao som de pífano e tambor, ou seja, dançavam as rondas de Maio ao redor da árvore de Maio. É o mês dedicado a Maria, mãe de Jesus Cristo, segundo a Igreja.

A Docência e a Gestão da Formação do Professor

Casemiro Campos

Mestre e Doutor em Educação pela Universidade Federal do Ceará. Professor, pesquisador na área de formação de professores, conferencista, gestor e consultor em educação. É autor de obras de referência em educação e gestão escolar.

A docência é uma prática que se realiza pela ação do professor na escola, especificamente, no interior da sala de aula. A prática docente é parte do conteúdo do trabalho do professor que visa à adaptação de regras diante das possibilidades de ensinar, ou seja, é fundamental o foco da ação docente na aprendizagem do aluno.

Assim, o professor deve dominar o conteúdo a ser ensinado e daí elaborar a sua aula, tendo o planejamento como determinação que orienta a sua atividade, guiando o ensino e criando um efeito em cada aluno de forma especial que toque a sua sensibilidade e atenção. Desse modo, a aula pressupõe na sua construção, além da definição de um conteúdo, um método.

> A docência se faz, também, como uma prática reflexiva diante das novas relações, complexas situações e saberes plurais que envolvem o ensino e a aprendizagem.

A técnica pedagógica nos revela a necessidade do domínio do conteúdo e para ensiná-lo cabe ao professor subdividi-lo em partes, para que explicado em sala de aula aos alunos, estes possam aprender. Aqui a pedagogia como técnica se aproxima das pedagogias tradicionais.

Foi por mais de um milênio que os professores fizeram a aula, limitados pela exposição, leitura, cópia, uso do quadro negro para promover a transmissão dos conteúdos de ensino. A ideia central era fazer a aula tendo como preocupação o desafio do ensino para grupos de alunos, mas o professor deveria fazer a sua aula como se a fizesse para apenas um aluno.

No século XX a pedagogia moderna trouxe uma grande contribuição ao processo pedagógico. As teorias psicológicas foram aplicadas, sistematicamente, ao campo do ensino no contexto escolar o que permitiu importantes avanços no pensamento e nas práticas pedagógicas.

Nos últimos anos, temos presenciado a rediscussão da atividade docente, o que requer dos professores uma releitura da sua identidade. A docência se faz, também, como uma prática reflexiva diante das novas relações, complexas situações e saberes plurais que envolvem o ensino e a aprendizagem, não podendo se limitar a uma dimensão técnica, prescritiva ou experimental. Assim, a docência requer que os professores tenham claro o que é o ensino, como se faz para ensinar melhor, proporcionando aos alunos acesso fácil ao conhecimento e domínio dos saberes para aplicá-lo em situações das suas vidas pessoais.

Essas questões nos levam a compreender a função social da escola como instituição e o significado do trabalho docente. Mas qual escola e para qual sociedade estamos comprometidos como professores? Qual é a responsabilidade da escola para a formação de sujeitos? Qual a relevância do trabalho dos professores diante dos desafios de educar? A nossa resposta é necessária para iluminar a reflexão sobre a necessidade de ressignificar o trabalho dos professores. Ou seja, numa sociedade do conhecimento a educação escolar cumpre uma tarefa de grande significado, pois os níveis de escolarização que a pessoa adquire passam a ser o diferencial para a qualidade de vida e condição de possibilidade para a melhoria das suas vivências.

A partir da sua atividade, o professor ao responder essas perguntas estará compreendendo como os saberes docentes, que não são revelados a não ser exercendo a docência, podem ser explicitados pela prática reflexiva do ensino. Ou seja, os professores, ao refletirem como agem em determinadas situações em sala de aula, estarão enfatizando o trabalho docente e, por meio dos conteúdos de ensino, pensando, simultaneamente, como estes mudam, alteram, modificam e transformam o próprio ensino.

É por meio de uma ação reflexiva sobre o trabalho docente que o professor desvela uma racionalidade que define a docência. A autoformação do professor pede o domínio dos conteúdos de ensino, dos elementos do processo didático em ação (avaliação, planejamento, ensino e aprendizagem) e da técnica da gestão da sala de aula. Desse modo, o professor desenvolve pela sua experiência uma prática que, mediada pela reflexão, gera um conhecimento que lhe é específico. Não existe receita para se formar um bom professor. No entanto, é daí que emerge a ambiguidade da docência. O que garante a docência, digo: a boa docência? Qual o resultado do trabalho dos professores para a efetiva aprendizagem dos alunos? Qual a certeza de se conseguir o que se planejou no final da atividade proposta pelos professores na sala de aula? Será que basta a formação numa licenciatura para se ser um bom professor? Se a formação universitária não assegura a formação de um

> Portanto, se aprende a ser professor por uma conquista de ser humano, fazendo no outro a própria humanidade. É pela alteridade de reconhecer o outro que se faz a docência.

bom professor, de que vale a universitarização da profissão? O que faz um bom professor? No seu cerne, a docência é um ofício que se faz modernamente como uma profissão. Portanto, se aprende a ser professor por uma conquista de ser humano, fazendo no outro a própria humanidade. É pela alteridade de reconhecer o outro que se faz a docência. Não é algo simples a formação de professor. É um desafio contínuo ser professor. É uma conquista que se faz dia a dia, em cada atividade, na aula, na sala de aula, na escola, com os alunos, com os colegas professores e até com os pais dos alunos. O conteúdo de uma aula não está apenas no conteúdo a ser ensinado, mas na realização da formação do humano, tornando-o outro ser humano, que se faz educando.

Mas a ação dos professores no seu trabalho é uma atitude profissional, pessoal e política. O professor é sujeito que, desafiado pela responsabilidade frente às demandas da sociedade, tem, no seu compromisso com a utopia e na emancipação - enquanto tarefa ética de respeito incondicional - a dignidade do ser humano. Os professores precisam de incentivo no desenvolvimento do trabalho docente. Para a elaboração do *design* didático, por meio do planejamento, a feitura de uma aula exige criatividade e conhecimento, sobretudo, mobilizados numa situação de ensino e aprendizagem. A docência pede ao professor que transforme informação em conhecimento e conhecimento ensinado em aprendizagem.

dom seg ter qua qui sex sáb **1**

2 dom seg ter qua qui sex sáb

MAI

dom seg ter qua qui sex sáb **3**

4 dom seg ter qua qui sex sáb

dom seg ter qua qui sex sáb **5**

6 dom seg ter qua qui sex sáb

dom seg ter qua qui sex sáb 7

8 dom seg ter qua qui sex sáb

MAI

dom seg ter qua qui sex sáb 9

10 dom seg ter qua qui sex sáb

dom seg ter qua qui sex sáb **11**

12 dom seg ter qua qui sex sáb

MAI

dom seg ter qua qui sex sáb **13**

14 dom seg ter qua qui sex sáb

dom seg ter qua qui sex sáb **15**

16 dom seg ter qua qui sex sáb

dom seg ter qua qui sex sáb **17**

18 dom seg ter qua qui sex sáb

MAI

dom seg ter qua qui sex sáb **19**

20 dom seg ter qua qui sex sáb

dom seg ter qua qui sex sáb **21**

22 dom seg ter qua qui sex sáb

MAI

dom seg ter qua qui sex sáb **23**

24 dom seg ter qua qui sex sáb

dom seg ter qua qui sex sáb **25**

26 dom seg ter qua qui sex sáb

dom seg ter qua qui sex sáb **27**

28 dom seg ter qua qui sex sáb

MAI

dom seg ter qua qui sex sáb **29**

30 dom seg ter qua qui sex sáb

dom seg ter qua qui sex sáb **31**

Anotações

MAI

Anotações

A educação tem raízes amargas, mas os seus frutos são doces.

Aristóteles

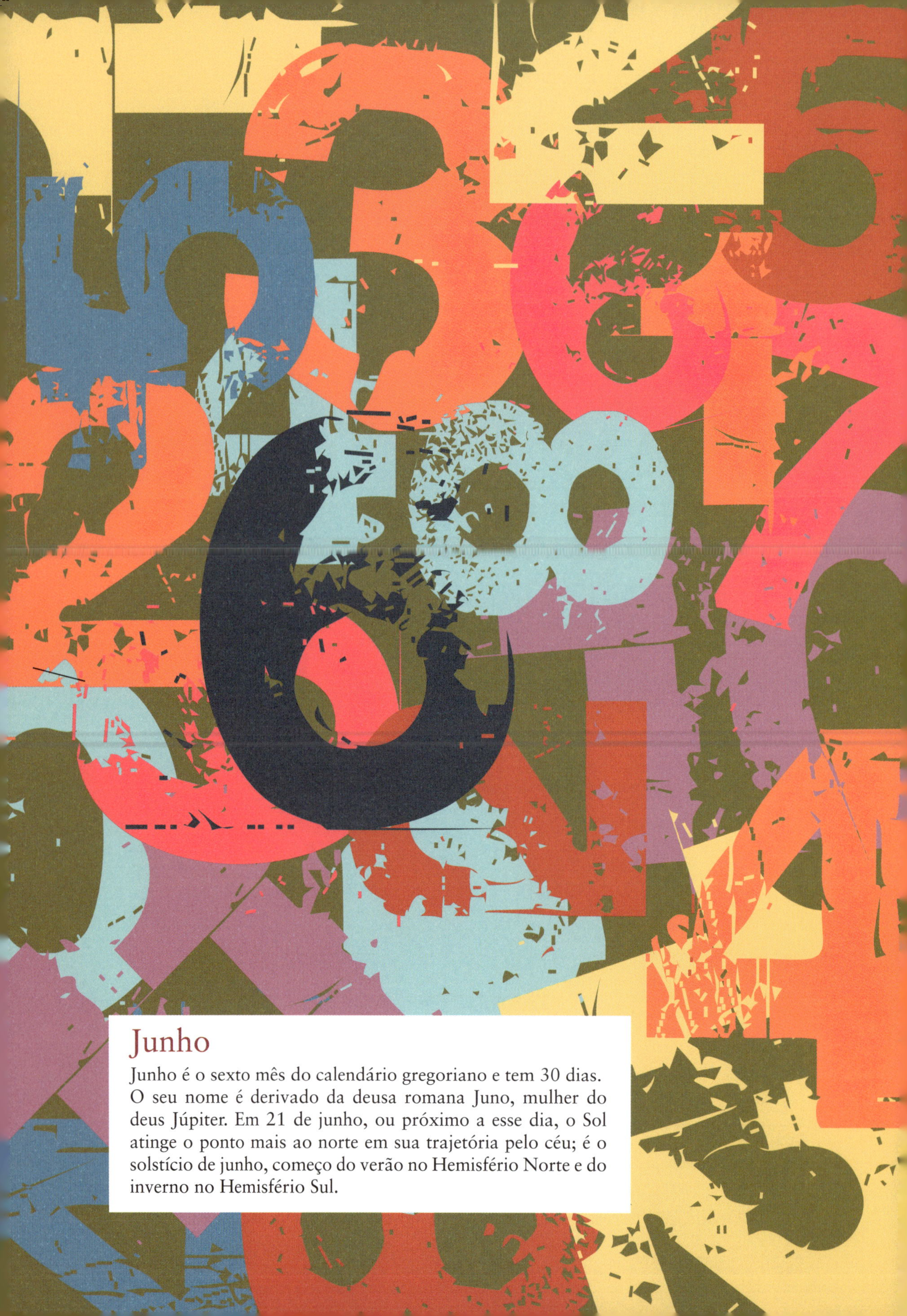

Junho

Junho é o sexto mês do calendário gregoriano e tem 30 dias. O seu nome é derivado da deusa romana Juno, mulher do deus Júpiter. Em 21 de junho, ou próximo a esse dia, o Sol atinge o ponto mais ao norte em sua trajetória pelo céu; é o solstício de junho, começo do verão no Hemisfério Norte e do inverno no Hemisfério Sul.

O Acróstico da Disciplina em Sala de Aula

Celso Antunes

Especialista em Inteligência e Cognição e Mestre em Ciências Humanas. É membro da Associação Internacional pelos Direitos da Criança Brincar da UNESCO e Embaixador da Educação pela *Organización* de Estados Americanos. Conferencista e autor de várias obras na área de educação.

Acróstico é uma pequena composição poética em que uma ou um grupo de letras iniciais, medianas ou finais, formam uma ou mais palavras. É evidente que essa composição nada tem de relação com a questão da disciplina em sala de aula, mas quando sobre esse assunto se refletia e se pensava em procedimentos docentes para torná-la menos aguda, a combinação das letras que iniciavam tais procedimentos sugeriu um acróstico que aqui se objetiva sintetizar.

Quando o professor se omite de pequenos cuidados, o mistério da indisciplina se agrava.

Buscava-se dizer que uma eficiente administração da indisciplina não representava nenhum mistério, quando se descobriu que justamente nessa palavra, estavam as iniciais desse procedimento. Quando o professor se omite de pequenos cuidados, o mistério da indisciplina se agrava. Observemos como essa complexidade pode ser desmistificada.

M – A questão da indisciplina é sempre menor quando a aula ministrada flui através de um **método,** isto é, percorrendo um caminho coerente e lógico. Métodos de ensino existem muitos, mas a causa mais aguda do desinteresse do aluno é justamente sua falta. Aula sem uma meta atribuída, sem um plano, sem uma linha sequencial que claramente se expressa, constitui convite à apatia e ao caos. Não existe o aprender sem uma teoria que induz a prática de ações que constroem o saber e essa teoria requer o apoio de uma linha diretriz, de um "caminho" que é o imprescindível método de ensino.

O bom administrador de disciplina em sala de aula é sempre um professor sereno, sempre um mestre que sobrepõe a calma à impaciência.

I – O uso coerente de um método de ensino exclui a concepção de aluno como massa, preferindo destacá-lo enquanto "pessoa", ou seja, **indivíduo**. Toda aprendizagem é sempre individual e, dessa forma, não importa se a classe abriga quarenta ou cinquenta alunos, é essencial que o professor se debruce sobre como cada um constrói suas significações, de que maneira este e aquele aluno é capaz de contextualizar o que recebe com tudo quanto em si já existe. Se em classes numerosas é difícil essa constatação pessoal, que ao menos as provas não busquem padronizações, **não tente procurar respostas iguais para mentes diferentes**.

S – O bom administrador de disciplina em sala de aula é sempre um professor **sereno,** sempre um mestre que sobrepõe a calma à impaciência. Ser rigoroso na cobrança de normas obtidas por meio de consensos com os alunos, não implica que essa cobrança se faça pelo grito, pela bronca, mas pela serena coerência de quem se abriu a discutir um contrato de procedimentos com os alunos e agora reclama por seu cumprimento justo.

T – Um dos focos mais agudos da indisciplina é em alguns alunos a sensação de exclusão. Não se aceita mostrar interesse pela aula do professor que se interessa apenas por alguns, que tem seus olhos voltados para "os da frente" ou "os do fundo", para os "excelentes" ou apenas para os "medíocres". O bom mestre é aquele que é mestre de todos e, por esse motivo, a letra "T" expressa a **totalidade** na abrangência de seu olhar.

E – Jamais se esquece de um professor **entusiasmado** por aquilo que explica, empolgado pela crença no conteúdo que transmite. Ainda que seja difícil mostrar entusiasmo em cada uma das doze ou quinze aulas de cada dia, é essencial que se saiba arrancar do interior a misteriosa força da vocação. É tolice acreditar que entusiasmo constitui elemento genético e que, dessa forma, alguns nascem com e outros sem essa propriedade, e ainda maior é pensar que, ministrando uma aula com empolgação, cansa-se mais do que outra pautada pela apatia e modulada pela sonolência.

R – Não pode ocorrer disciplina em sala de aula sem que existam **regras** claras e coerentes sobre os procedimentos que se aplaudem e outros que merecem sanção. A vivência dessa relação, pautada por essas regras democraticamente construídas, se opõe de forma radical ao caos de uma inexistência de tácito contrato, no qual "fala quem manda" e "obedece quem quer". Há muito já morreu a escola estruturada pelos modelos do quartel e, por isso, nada ajuda de forma mais coerente que uma boa relação entre alunos e mestres, do que boas normas previamente estabelecidas e de ambos os lados coerentemente cumpridas.

I – Todo bom professor é sempre um bom **interrogador**, um mestre em lançar desafios, propor problemas, fazer de uma resposta algumas perguntas. Disciplina em sala de aula se associa a **interesse** e o aluno interessa-se mais quando suas inteligências são respeitadas, quando se senta não para ouvir o que pode descobrir pela leitura, mas quando se percebe desafiado, envolvido pela criatividade de um professor que pelas vias da interrogação o faz pensar.

O – A palavra conclusiva que fecha este simplório acróstico é **organização**. É, talvez, a única letra que não poderia estar em outro lugar. A organização de uma classe formando um ambiente com clima adequado à aprendizagem é tudo e, por isso, é essencial que os alunos descubram que o espaço de construção do saber não é um lugar caótico onde as coisas de ontem não se sabe onde hoje estão. Uma classe organizada, com carteiras definidas e com recursos - ainda que parcos - acessíveis é, ao mesmo tempo, o primeiro e o último dos elementos para se buscar o bom aprender.

Como é possível perceber, não existe nenhum **MISTÉRIO** nas ações procedimentais com as quais se constrói uma boa relação de disciplina em sala de aula. É verdade que a inexistência de mistério não expressa facilidade. Nem sempre o que é claro, é simples, e é bem mais fácil descrever um acróstico que fazer da dança de suas letras uma ação contínua e coerente no dia a dia.

dom seg ter qua qui sex sáb **1**

2 dom seg ter qua qui sex sáb

dom seg ter qua qui sex sáb **3**

JUN

4 dom seg ter qua qui sex sáb

dom seg ter qua qui sex sáb **5**

6 dom seg ter qua qui sex sáb

dom seg ter qua qui sex sáb 7

8 dom seg ter qua qui sex sáb

JUN

dom seg ter qua qui sex sáb 9

10 dom seg ter qua qui sex sáb

dom seg ter qua qui sex sáb **11**

12 dom seg ter qua qui sex sáb

dom seg ter qua qui sex sáb **13**

JUN

14 dom seg ter qua qui sex sáb

dom seg ter qua qui sex sáb **15**

16 dom seg ter qua qui sex sáb

dom seg ter qua qui sex sáb 17

18 dom seg ter qua qui sex sáb

JUN

dom seg ter qua qui sex sáb 19

20 dom seg ter qua qui sex sáb

dom seg ter qua qui sex sáb **21**

22 dom seg ter qua qui sex sáb

dom seg ter qua qui sex sáb **23**

JUN

24 dom seg ter qua qui sex sáb

dom seg ter qua qui sex sáb **25**

26 dom seg ter qua qui sex sáb

dom seg ter qua qui sex sáb 27

28 dom seg ter qua qui sex sáb

JUN

dom seg ter qua qui sex sáb 29

30 dom seg ter qua qui sex sáb

Anotações

JUN

Anotações

JUN

A educação exige os maiores cuidados, porque influi sobre toda a vida.

Sêneca

Julho

Julho é o sétimo mês no calendário gregoriano, tendo a duração de 31 dias. Julho deve o seu nome ao grande Imperador romano Júlio César, sendo antes chamado *Quintilis* em latim, dado que era o quinto mês do calendário romano, que começava em Março.
Também recebeu esse nome por ser o mês em que César nasceu. Na Igreja Católica o mês de julho é dedicado ao Precioso Sangue de Jesus Cristo.

Eu Acredito no Poder dos Sonhos!

Felipe Rima

Poeta, escritor, rapper, palestrante e produtor cearense, Felipe Rima é um jovem que se destacou nacional e internacionalmente por uma história de vida de superação através da poesia. "Entre o Batuque do Coração e a Poesia da Vitória" é o seu mais recente projeto do qual além de compositor, assina a produção artística, unindo música e literatura.

Se você parar por 10 segundos e pensar no maior sonho da sua vida, que tipos de sentimentos dançariam em seu coração? Eu fiz esse exercício com 16 anos de idade quando estive pela primeira vez na cobertura de um hotel. Estava em Brasília e na ocasião fui declamar poesias e cantar *rap*.

> Nunca me esquecerei desse acontecimento, na vida das minhas retinas tão fatigadas, que no meio do caminho tinha uma pedra, tinha uma pedra no meio do caminho.

Mas você deve se perguntar o que esse conteúdo ou indagação tem a ver com educação, digo com clareza: tudo! Deixe-me contar uma história breve...

Meu nome é Ribamar Felipe, muita gente me conhece como Felipe Rima. Sou *rapper*, poeta, empreendedor e sobretudo um ser humano "vivedor" que se permite viver intensamente cada momento da vida.

Venho de uma origem bem delicada. Nasci em Fortaleza numa comunidade chamada Verdes Mares; ali, onde nasci e cresci, tive poucas opções, poucas oportunidades para ser o que sou hoje e por isso agarrei a primeira que tive.

Entre os 8 e 14 anos de idade tive acesso a armas, percebi que minha família toda era envolvida com o crime, vi meus tios serem assassinados, irmão preso, pai na dependência química e minha mãe lutando como uma guerreira fazendo o equilíbrio das emoções. Dentro dessa realidade eu passei a sonhar em me tornar o traficante mais respeitado da zona leste de Fortaleza. Dentro da cultura do crime na periferia eu acreditei no poder dos sonhos dessa forma; sei que todo sonho pode se realizar e com certeza se eu tivesse seguido teria sido, mesmo que isso custasse lágrimas e minha própria vida.

Com 14 anos de idade, recebi um convite de um amigo de infância para ir a um projeto social; ele me anunciou que teria aulas de grafite e logo me animei pelo fato da pichação estar bem próxima a mim. Ao fazer as inscrições tive que escolher três oficinas, só assim poderia participar do projeto, e assim fiz. Grafite, sexualidade e *rap* com poesia. *Rap* com poesia era a única que eu não queria, mas fiz a inscrição mesmo assim. Logo nos primeiros encontros vivi várias surpresas, mas a que mais comunicou meu coração foi quando na aula de *rap* a professora propôs falar sobre poesia. Confesso que eu não me animei com isso, me senti frustrado, enganado, afinal eu fui pelo grafite e falar de poesia não era tão atraente aos meus olhos.

Fui criado numa família do crime, machismo muito presente, intolerância e pessoas duras, insensíveis como referência; claro que poesia seria a última coisa sobre o que eu gostaria de conversar. Mesmo assim, a professora ganhou minha atenção, ela anunciou que iríamos falar sobre Carlos Drummond de Andrade e recitou o poema que dizia:

> " No meio do caminho tinha uma pedra
> tinha uma pedra no meio do caminho
> tinha uma pedra
> no meio do caminho tinha uma pedra
>
> Nunca me esquecerei desse acontecimento
> na vida de minhas retinas tão fatigadas
>
> Nunca me esquecerei que no meio do caminho
> tinha uma pedra
>
> Tinha uma pedra no meio do caminho
> no meio do caminho tinha uma pedra "

Todas as vinte e cinco pessoas da roda de conversa sorriram com esse aparentemente poema tão bobo. Mas eu fiquei em choque! Pasmo! E pensando como esse cara escreveu uma poesia falando assim do crack? Exatamente assim, eu pensei e senti a poesia ecoando dentro de mim narrando meu momento mais delicado da vida, a dependência química do meu pai, a função avassaladora do crack.

Com os olhos emocionados comentei com meu amigo que aquilo era mágico, a poesia, a literatura acabara de chegar e me conquistar sem porquê, nem pra quê.

Nesse mesmo dia, pela primeira vez eu fui à biblioteca da escola por minha própria vontade, eu já havia ido outras vezes na sala de multimeios, mas o fato de ter essa iniciativa já mudou minha percepção e maneira de lidar com o mundo.

Por que eu estou contando essa história para você? Porque eu acredito no poder dos sonhos! Isso mesmo! Eu acredito, e você? Agora imagina o poder dos sonhos somado ao poder do conhecimento e da educação? Imaginou?

Continuando nossa história, aquela professora que se chama Glória Diógenes me fez perceber a importância do papel do educador para o mundo. Acredito que para ela naquele momento deve ter sido desafiador levar poesia para jovens de favelas, para jovens duros e armados contra o mundo, não com armas palpáveis, porém, com o olhar de quem foi educado para estar armado frente ao mundo.

O educador, professor tem o papel de ser conquistador, e conquistar não é fácil, porque exige naturalidade. Hoje imagino quantos professores e professoras se intimidam ao pensar em levar poemas para dentro da sala de aula, nesse mundo tão insensível. No entanto, os que superam isto e acrescentam às suas aulas um vídeo motivacional, uma música, um *rap*, ou uma poesia veem resultados grandiosos, pois oferecem reflexões e não apenas respostas.

Os alunos em geral vão para a escola, para a sala de aula, em busca de respostas para suas perguntas; então questiono também: E se o professor não levasse respostas e fizesse apenas um dia de perguntas? Seria desafiador? Acredito que sim!

Quando percebi que o conhecimento abre portas eu me apaixonei por isso, passei a me dedicar a vários conteúdos que somavam para a minha formação humana; eu fui no meu ritmo, buscando aquilo que me interessava, me aproximando das pessoas que poderiam me ajudar e 50% delas foram professores oriundos da academia (formados), outros 50% educadores da vida, da rua, o que todos somos.

Sou fascinado pelo poder da educação. O conhecimento compartilhado é uma das mais preciosas ferramentas desbravadoras de caminhos do mundo.

Reafirmo, sou encantado pelo poder dos sonhos. O sonho revoluciona os corações e nos impulsiona na vida para alcançar o que parece impossível.

Impossível! Eu gosto dessa palavra, ela é bem desafiadora... Você acredita no impossível? Eu prefiro acreditar que tudo é possível! Com oportunidades, trabalho em equipe, pessoas com sensibilidade para lidar com a vida, com garra e determinação diante das pedras do caminho.

Perdoe-me, se meu texto segue na linha tênue, entre o sonho e a educação, mas é que meu coração transborda de amor por esses temas, várias vezes me perco e perco o fio da meada, me encontro nos devaneios de ser feliz e me reconheço como um ser humano que anuncia perguntas, mesmo sem pronunciá-las.

Agora que você conhece de onde eu venho, deixe-me dizer como a força da educação tem me conduzido e por quais caminhos tenho passeado nesse mar de sonhos. Depois do encontro com a poesia pude vislumbrar novos horizontes e me atirei sem reservas na busca de uma vida plena. Encontrei suporte com centenas de pessoas que me doaram seus conhecimentos e me fizeram me reconhecer como Felipe Rima.

Percorri nos últimos quatro anos por sete estados do Brasil e mais de cem cidades do meu Ceará. Nesse caminho, acredito que de algum modo pude inspirar milhares de pessoas, inclusive chegar em Buenos Aires, na Argentina, e poetizar a vida por lá. Mais que viajar por aí, tive a oportunidade de viajar para dentro de mim até chegar aqui e através desse texto me emocionar em saber que você está lendo, está tentando imaginar, sonhar e se perguntando coisas novas.

Aos professores e às professoras do mundo agradeço a dedicação e paciência ao exercerem a "profissão perigo."

Por fim, gostaria de fazer um pedido a você: Elabore 10 perguntas para você responder, se delicie em buscar essas respostas, mas não se preocupe em encontrá-las, aprecie a viagem e grite para o mundo ouvir: EU ACREDITO NO PODER DOS SONHOS!

1 dom seg ter qua qui sex sáb

dom seg ter qua qui sex sáb **2**

3 dom seg ter qua qui sex sáb

JUL

dom seg ter qua qui sex sáb **4**

5 dom seg ter qua qui sex sáb

dom seg ter qua qui sex sáb **6**

7 dom seg ter qua qui sex sáb

dom seg ter qua qui sex sáb **8**

JUL

9 dom seg ter qua qui sex sáb

dom seg ter qua qui sex sáb **10**

11 dom seg ter qua qui sex sáb

dom seg ter qua qui sex sáb 12

13 dom seg ter qua qui sex sáb

JUL

dom seg ter qua qui sex sáb 14

15 dom seg ter qua qui sex sáb

dom seg ter qua qui sex sáb **16**

17 dom seg ter qua qui sex sáb

dom seg ter qua qui sex sáb **18**

JUL

19 dom seg ter qua qui sex sáb

dom seg ter qua qui sex sáb **20**

21 dom seg ter qua qui sex sáb

dom seg ter qua qui sex sáb 22

23 dom seg ter qua qui sex sáb

JUL

dom seg ter qua qui sex sáb 24

25 dom seg ter qua qui sex sáb

dom seg ter qua qui sex sáb **26**

27 dom seg ter qua qui sex sáb

JUL

dom seg ter qua qui sex sáb **28**

29 dom seg ter qua qui sex sáb

dom seg ter qua qui sex sáb **30**

31 dom seg ter qua qui sex sáb

Anotações

JUL

A educação desenvolve as faculdades, mas não as cria.

Voltaire

Agosto

Agosto, do latim *augustus*, é o oitavo mês do calendário gregoriano. É assim chamado por decreto em honra do imperador César Augusto. Antes dessa mudança, agosto era denominado Sextilis ou Sextil, visto que era o sexto mês no calendário de Rômulo. É dito com frequência que o mês possui 31 dias porque César Augusto queria o mesmo número de dias do seu antecessor, porém, agosto (Sextilis) tem 31 dias desde a reforma feita por Júlio César. Esta teoria falsa foi inventada por Sacrobosco no século XIII e há bastante tempo que foi contestada.

O que Posso Aprender com Isso?

Amelia Albuquerque

Pedagoga e Especialista em Desenvolvimento de Recursos Humanos e Psicopedagogia. Autora dos livros didáticos *Meta do Saber*, aprovado pelo MEC para o Programa Brasil Alfabetizado; *Aprender Construindo*, para a Educação Infantil e 2º ano/PAIC e dos livros literários *Nossos Jardins*, *O poder da Palavra* e *Bichos Apaixonados*, todos da editora IMEPH.

Gosto muito de caderno novo, de uma agenda que oferece suas páginas em branco para que um novo ano se inicie. Sabe-se que o tempo é um dom da eternidade, mas, para nós humanos o tempo fatiado em minutos, horas, dias, meses, anos, representa a chance preciosa de recomeçar, reaprender, renovar-se.

Gosto igualmente de ver essas novas páginas irem sendo preenchidas com pensamentos, experiências, sonhos, desejos, desafios, realizações, dúvidas, e, até mesmo tristezas e decepções. Isso também faz parte do viver. E, uma das mais significativas aprendizagens de minha vida foi justamente a pergunta: o que posso aprender com isso? Essa indagação feita a mim mesma frente aos mais diversos acontecimentos do cotidiano tem sempre possibilitado vislumbrar coisas boas mesmo nos momentos ruins.

A educação emocional nos ensina que o que importa não é o que nos acontece e sim o que fazemos com o que nos acontece. Diante de uma dificuldade há os que recuam, os que ficam imobilizados, mas temos também os que perseveram. Dom Helder Câmara dizia que "É graça divina começar bem. Graça maior persistir na caminhada certa. Mas a graça das graças é não desistir nunca".

Creio que os professores são desses que não desistem nunca, embora lidando, na maioria das vezes, com uma problemática social e humana que se apresenta a cada dia mais complexa, confusa, contraditória. Lembro especialmente de uma professora, mulher obstinada e idealista, que me disse certa vez com os olhos brilhantes: nenhum aluno haverá de passar por mim em vão. Haverei de depositar em cada um, sementes de reflexão e de autoconhecimento. Afinal, o autoconhecimento, como bem dizia Sócrates, é a base de todo verdadeiro conhecimento.

Outra professora, da qual sempre lembro, foi a que me narrou a seguinte história: recém-formada, foi lotada em uma escola pública, no turno da noite, em um bairro distante do centro. No primeiro dia de aula quis fazer algo diferente. Defendia com insistência que problemas antigos precisam de soluções novas. Levou para a sala uma toalha branca, um pequeno aquário redondo que tomou como se fosse uma bola de cristal e propôs a turma uma questão: o destino existe? Somos senhores da nossa vida ou tudo já está determinado? Sugeriu antes da roda de conversa para discutir o tema que fizessem uma pequena dramatização com alguém vivendo o papel de cartomante. Um aluno sentado no final da sala reclamou de imediato: que é isso professora! Que aula é essa?! Eu é que não vou participar dessa palhaçada! Porém, para sua felicidade, outra aluna acolheu a ideia dizendo que era formidável e ela faria o papel de cartomante. A jovem era brilhante e desempenhou tão bem seu improvisado papel que a turma se envolveu completamente na aula e a discussão que se seguiu foi muito participativa e enriquecedora. Lá atrás, porém, o jovem permanecia em silêncio com uma expressão de desagrado. Os dias foram seguindo com novas aulas e novas situações-problemas sendo apresentadas ao grupo. O rapaz pouco falava limitando-se a entregar algum trabalho escrito quando era solicitado. Numa noite, em outra turma, numa última aula, a professora deparou-se com uma situação extremamente tensa: um aluno, visivelmente alterado, a enfrentou dizendo: veja o que eu faço com o conhecimento que

> É graça divina começar bem. Graça maior persistir na caminhada certa. Mas graça das graças é não desistir nunca.

você preza tanto! E tocou fogo no livro didático. Os colegas assustados trataram de apagar a labareda que crescia e quando ela indicou que ele se retirasse e fosse conversar com a coordenação, ele passou por ela e disse baixinho: sei onde você pega o ônibus. E sei que você fica lá sozinha. Frente à clara ameaça ela respirou fundo buscando reorganizar suas emoções e continuou a aula. Quando a sineta tocou e ela desceu a escola estava praticamente deserta e a coordenação já havia saído. Parou então, fitando a rua envolta na noite e pensando o que devia fazer. Foi quando percebeu a presença daquele aluno da aula da cartomante. Era um rapaz alto e bastante forte e segundo soubera muito bem relacionado na comunidade. Professora, eu estava esperando pela senhora. Gostaria que me permitisse acompanhá-la até o ponto do ônibus. Enquanto caminhamos vou falando algumas coisas que preciso partilhar com a senhora. Sei que naquele primeiro dia de aula fui bastante grosseiro. Naquele dia eu estava muito infeliz. Estava bebendo muito, faltando ao trabalho, e minha noiva por quem sou apaixonado tinha ameaçado romper o noivado se eu não parasse de beber. Aquela sua aula da qual aparentemente não participei, me fez pensar muito sobre minha vida e sobre o que eu desejo construir e conquistar. Decidi que não vou mais beber, busquei ajuda nos Alcoólatras Anônimos, retomei meu trabalho e estou de casamento marcado. Quero que a senhora compareça e seja nossa madrinha. Comovida, a professora disse que sim e quando diante do ônibus que chegara ele lhe disse: sabe professora, a senhora salvou a minha vida, ela retrucou já dentro do ônibus: pois estamos quites, porque hoje você também salvou a minha!

A professora que me contou essa história permanece até hoje apaixonada pelo que faz e envolvida no seu fazer pedagógico como um ato amoroso, que lhe solicita paciência e sabedoria. Ela sempre se indaga sobre qual entre tantas palavras é aquela que irá tocar o coração daqueles que lhe escutam e até mesmo qual é a palavra que eles irão escutar. A cada aula, ela se reinventa, na compreensão que aquele momento é absolutamente único como possibilidade de troca de saberes.

Certamente que, para manter esse sentimento de automotivação, é preciso vivenciar práticas mentais emocionalmente inteligentes que permitam transformar emoções densas, como a raiva, o medo e a tristeza, em emoções sutis, como o amor e a alegria. É preciso também ter clareza da própria missão e daquilo que dá sentido a existência; nossa razão maior para estarmos vivos e fazermos a diferença no planeta que habitamos.

Apesar de desafiante, o ofício do professor permite como poucos a grandeza de tocar a alma humana e transformar vidas. Ensinar a pensar, despertar para a aprendizagem como prática constante de quem não apenas memoriza fórmulas e dados se torna capaz de enxergar a luz na escuridão; carrega a grandeza e a beleza daquilo que nos torna verdadeiramente humanos.

dom seg ter qua qui sex sáb **1**

2 dom seg ter qua qui sex sáb

dom seg ter qua qui sex sáb **3**

AGO

4 dom seg ter qua qui sex sáb

dom seg ter qua qui sex sáb **5**

6 dom seg ter qua qui sex sáb

dom seg ter qua qui sex sáb 7

8 dom seg ter qua qui sex sáb

AGO

dom seg ter qua qui sex sáb 9

10 dom seg ter qua qui sex sáb

dom seg ter qua qui sex sáb **11**

12 dom seg ter qua qui sex sáb

dom seg ter qua qui sex sáb **13**

AGO

14 dom seg ter qua qui sex sáb

dom seg ter qua qui sex sáb **15**

16 dom seg ter qua qui sex sáb

dom seg ter qua qui sex sáb 17

18 dom seg ter qua qui sex sáb

AGO

dom seg ter qua qui sex sáb 19

20 dom seg ter qua qui sex sáb

dom seg ter qua qui sex sáb **21**

22 dom seg ter qua qui sex sáb

dom seg ter qua qui sex sáb **23**

AGO

24 dom seg ter qua qui sex sáb

dom seg ter qua qui sex sáb **25**

26 dom seg ter qua qui sex sáb

dom seg ter qua qui sex sáb 27

28 dom seg ter qua qui sex sáb

AGO

dom seg ter qua qui sex sáb 29

30 dom seg ter qua qui sex sáb

dom seg ter qua qui sex sáb **31**

Anotações

AGO

Anotações

AGO

Para as crianças, educação é o mestre-escola; para os jovens é o poeta.

Aristófanes

Setembro

Setembro é o nono mês do ano no calendário gregoriano, tendo a duração de 30 dias. Setembro deve o seu nome à palavra latina *septem* (sete), dado que era o sétimo mês do calendário romano, que começava em Março. Na Grécia Antiga, setembro chamava-se *Boedromion*. Em 22 ou 23 de setembro, o Sol cruza o equador celeste rumo ao sul; é o equinócio de setembro, começo do outono no Hemisfério Norte e da primavera no Hemisfério Sul.

Criatividade, Inovação e Encantamento: A Reinvenção da Escola

Max G. Haetinger

Doutorando em Ciências da Educação. Mestre em Educação. Especialista em Criatividade e Tecnologias Aplicadas na Educação. Psicopedagogo, palestrante e autor de vários livros.

Nos últimos anos, temos sido bombardeados por novos termos, novos olhares e novos valores na vida e na educação. Do *Marketing* surgido nos anos 80, ao *bullying* nos dias de hoje, a educação e os educadores têm feito um esforço tremendo para se atualizar e gerar novas saídas para um velho problema: a relação entre alunos, professores e o conhecimento.

Mas, qual seria a verdadeira saída? Existe uma fórmula consagrada, que resolva nossas angústias frente ao quadro quase caótico do ensino/aprendizagem? Como promover uma escola capaz de se transformar, sem perder o conteúdo? E, principalmente, como fazer tudo isto mantendo os alunos focados e motivados no processo de seu desenvolvimento como indivíduo e na sua formação? Acredito que estamos frente a um dilema cultural, como ressalta sempre Edgar Morin em seus livros.

Talvez, porque em primeiro lugar, nós, adultos, tenhamos esquecido que educar é fundamentalmente um ato de interação e troca cultural, e não um simples processo de transmissão e acúmulo de conceitos e fórmulas, afinal, não queremos formar alunos "google". Sim! É desta forma que muitos jovens definem o colega para o qual eles perguntam e traz a resposta pronta. E o *google* está cada vez mais rápido e eficiente! Mas a escola, se olharmos para os testes e provinhas, tem perdido muito terreno e está ficando muitas vezes desinteressante aos nossos alunos.

"Como vencer nesse cenário?" Pergunta-me um amigo, diretor de uma escola de mil alunos: — Max, como produzir novas formas de ensinar e aprender, se somos escravos do conhecimento acumulado e das fórmulas e currículos entupidos de conceitos?

Vamos começar a olhar e refletir sobre as palavras do nosso título: CRIATIVIDADE, esta palavra tem perseguido nosso dia a dia nos últimos trinta anos, mas o que ela pode realmente propor para a escola e para as relações alunos, professores e conhecimento?

> Digamos que a teoria da evolução de Charles Darwin nunca esteve tão presente entre nós, colegas professores: ou evoluímos ou seremos extintos.

Sem dúvida, a criatividade é uma das valências humanas mais importantes nesta era do conhecimento e da informação. É o diferencial dos vencedores, de quem gera novas ideias e se destaca, e não de quem acessa e acumula informação – isto está ao alcance por meio de qualquer dispositivo da nossa época.

O que nos diferencia e nos torna autênticos ou não, é o modo com que usamos as informações acumuladas em nossa mente, em livros, DVDs, sites, redes sociais virtuais ou reais, mp3, etc. Por isso, a criatividade passa a ser muito importante em nossa formação, e não basta acumular, temos que criar para realmente se diferenciar das máquinas. A criatividade vem para, de certa forma, substituir a capacidade de memorização no processo de ensino/aprendizagem.

E não pensem que o pensar criativo é mágico ou simplesmente como um dom divino. Ele é fruto de muito esforço, trabalho duro, autonomia, expressão, diálogo, respeito mútuo e, principalmente, de uma escola mais vivencial e mais conectada com a realidade em que vivemos. Uma escola do jogo, das atividades lúdicas e da expressão, que esteja sempre se desafiando. Uma escola onde os alunos têm a possibilidade de vivenciar o que sentem necessidade, onde a tarefa começa no banco escolar, mas acaba na comunidade. Da reflexão para a ação, da ação para a expressão, da expressão para a criação, e da própria criação, disso nasce a nova sociedade, da prosperidade e dos valores éticos correspondentes com o tempo em que vivemos.

> "A criatividade ultrapassa o puro lazer e pode converter-se em aquisição de conhecimento quando se processa planejadamente. É um meio de apropriação e transformação da realidade, gerando prazer e conhecimento, de forma não exclusiva. Supõe uma relação do homem com o mundo, em que o alvo não é meramente o conhecimento do que existe, mas a exploração do existente para algo novo." (BORDINI E AGUIAR, 1993).

Precisamos mudar a forma como propomos o conhecimento e as interações, ou estaremos condenando nossos alunos a filas enormes de desemprego, à violência urbana e às drogas. Precisamos ajudar nossos alunos a formarem-se seres criativos, ou, como profetiza alguns filmes que os jovens adoram (Exterminador do Futuro, Matrix e Avatar), seremos substituídos em maior grau pelas máquinas, que já conquistaram bastante espaço em nosso dia a dia. E se você, professor, pensa que está a salvo disso, e por muitos bons motivos escolhe repetir a aula sempre da mesma forma, lembre-se de que os processos de EAD fazem isto com muito mais competência, ilustram, dão vida, e em muitos casos tornam o professor uma figura tão ou mais presente que vários colegas do ensino presencial.

A segunda palavra do nosso título é INOVAÇÃO: inovar é hoje uma necessidade e não uma opção. A inovação está ligada à transformação que temos de realizar em nossos processos de aprendizagem, de gestão, financeiro, existencial, ou seja, nesse nosso mundo tão veloz e quase frenético, ou estamos sempre em atualização constante, inovando, ou logo ficamos para trás.

Vivemos num mundo ao alcance de todos, de transformações

muito rápidas; por exemplo, um acontecimento no Japão pode afetar e mudar a nossa vida aqui no Brasil, em segundos. Um mundo onde nossos jovens, através do computador e de outros multimeios, conectam-se a esse universo globalizado, mudam e transformam a sua forma de ser, fazer e conviver rapidamente. Portanto, precisamos nos adaptar e estarmos em constante evolução e transformação, para estarmos com um discurso coerente e em condições de pôr em prática tudo o que significa EDUCAR.

Na prática da sala de aula, a cada dia que preparamos a nossa aula, devemos nos perguntar: Não existe uma nova forma de abordarmos este conhecimento? Qual a melhor forma de transmitir esse conteúdo ao meu aluno? E anexar em nossos processos mídias, vídeos, filmes, áudios, fotos e pesquisas na WEB em nosso tratamento diário com o conhecimento. Ao prepararmos o nosso ano, é preciso pensar melhor na grade de conteúdo e considerar o peso e valor de cada um desses conteúdos, olhar para as especificidades culturais locais, propor projetos para elaborar alguns conteúdos e, principalmente, incluir sempre novos temas em sintonia com o novo tempo. Sendo que "tema novo" não é falar de coisas de 10 anos atrás, é falar do hoje, contextualizar o conhecimento e propor sempre interação.

Na economia formal, a inovação é vista como a única forma de salvação e reinvenção das empresas e serviços. Na escola, a inovação é a única forma de mantermos os alunos presentes e, mais que presentes, aprendendo, pois neste século assistir à aula não significa aprender, aprender é interagir. As situações e os objetos de interação têm que ser inovadores e condizentes com a realidade de nossos educandos.

Digamos que a teoria da evolução de Charles Darwin nunca esteve tão presente entre nós, colegas professores: ou evoluímos ou seremos extintos.

A terceira palavra do nosso título e também muito importante é ENCANTAR. Sempre que me refiro a este termo, o relaciono ao sentido lúdico. Se buscarmos as definições formais, veremos que encantar é exercer uma influência mágica, fascinar, cativar pessoas, provocar admiração, causar satisfação ao outro.

As definições de "encantar" descrevem uma ação cheia de valores fundamentais, pois vivemos no mundo do encantamento e as crianças desde cedo são encantadas pelos meios reais e virtuais que as cercam, do parquinho de diversões (pracinhas *hytec*, videogames, internet, computador, câmeras digitais) aos passeios e conversas com amigos. Nossos alunos, sejam eles crianças, adolescentes ou adultos, são afetados por esses mecanismos de encantamentos midiáticos e reais. Nossas aulas estão carregando esse mesmo encantamento? Nosso discurso está encantando ou assustando?

Certa vez me perguntou um professor de uma escola técnica: — Mas, o que é encantar na sala de aula? Como posso fazer isso? Parece ser fácil quando lhe escuto, mas o que posso fazer na prática? Respondo agora a ele e a vocês: encantar em sala de aula é fazer aquilo que o aluno não espera, é surpreendê-lo, é fasciná-lo.

Cabe ao educador realizar a INOVAÇÃO e, principalmente, proporcionar e buscar de seus alunos a CRIATIVIDADE, no tratamento dos temas e conteúdos. Com isso, a escola se renova e ENCANTA, e nós, professores, podemos construir de verdade um futuro, formar a geração que buscará novas saídas para este mundo, novas ideias, novas atitudes e, principalmente, novos valores, necessários diante de grandes e novos desafios com os quais nos deparamos em nosso dia a dia.

1 dom seg ter qua qui sex sáb

dom seg ter qua qui sex sáb 2

3 dom seg ter qua qui sex sáb

dom seg ter qua qui sex sáb 4

5 dom seg ter qua qui sex sáb

dom seg ter qua qui sex sáb **6**

7 dom seg ter qua qui sex sáb

dom seg ter qua qui sex sáb **8**

SET

9 dom seg ter qua qui sex sáb

dom seg ter qua qui sex sáb **10**

11 dom seg ter qua qui sex sáb

dom seg ter qua qui sex sáb 12

13 dom seg ter qua qui sex sáb

SET

dom seg ter qua qui sex sáb 14

15 dom seg ter qua qui sex sáb

dom seg ter qua qui sex sáb **16**

17 dom seg ter qua qui sex sáb

dom seg ter qua qui sex sáb **18**

SET

19 dom seg ter qua qui sex sáb

dom seg ter qua qui sex sáb **20**

21 dom seg ter qua qui sex sáb

dom seg ter qua qui sex sáb **22**

23 dom seg ter qua qui sex sáb

SET

dom seg ter qua qui sex sáb **24**

25 dom seg ter qua qui sex sáb

dom seg ter qua qui sex sáb **26**

27 dom seg ter qua qui sex sáb

dom seg ter qua qui sex sáb **28**

SET

29 dom seg ter qua qui sex sáb

dom seg ter qua qui sex sáb **30**

Anotações

SET

É preciso uma vida longa para ultrapassar as sequelas da educação.

Jan Greshoff

Outubro

Outubro é o décimo mês do ano do calendário gregoriano, tendo a duração de 31 dias. Outubro deve o seu nome à palavra latina *octo* (oito), dado que era o oitavo mês do calendário romano, que começava em março.
Outubro começa sempre no mesmo dia da semana que o mês de janeiro, exceto quando o ano é bissexto.

Cordel: Entretenimento e Educação

Rouxinol do Rinaré

É autodidata, reconhecido por seu talento como escritor sendo premiado nacionalmente e tendo sua obra estudada em universidades do Brasil e do exterior. Com uma vasta produção de mais de cem títulos, também é autor (em parceria com Arlene Holanda) do livro *Cordel: Criar, Rimar e Letrar* selecionado pela FDE – Fundação Para o Desenvolvimento da Educação, para o projeto *Livros na Sala de Aula* do Governo de São Paulo.

Cordel quer dizer cordão,
Mas esse que eu vou mostrar
É um gênero textual,
É poesia popular,
É lúdico paradidático,
Suporte eficaz e prático
Para o docente educar.

Sob a luz da lamparina
Em todo lar nordestino
Fez sonhar, chorar e rir
Homem, mulher e menino.
E eu me alfabetizei
Pelos cordéis que escutei
Do meu irmão Severino.

O cordel dispensa *status*,
Pompa do academicismo.
É leve, é jocoso, é sério,
Épico que "veste" o lirismo;
É literatura séria,
Tem origem na Ibéria,
Nasceu do trovadorismo.

Foi vendido em chão de feira
Por um poeta que lia;
Chegando a modernidade
Quase desaparecia.
Mas hoje é valorizado
E pode ser encontrado
No *site* e na livraria.

O cordel chega ao Brasil
Com os colonizadores,
Segundo a afirmação
De vários pesquisadores.
Desde que aqui aportou
Entreteve e educou
A matutos e doutores!

O cordel é divertido,
Mas não é bufão ou bobo.
Calou-se por um período,
Hoje "uiva feito um lobo":
Inspira música e cinema
E já foi até mesmo tema
Na tela da Rede Globo[1].

Das gentes da "Academia"
Tornou-se assunto de estudos;
Por seus temas incontáveis
E seus ricos conteúdos
Está na educação
E já tem adaptação
Pra cegos, surdos e mudos!

Nos dá notícias rimadas,
Falando "disso" ou "daquilo"...
Aborda histórias reais
Narrando-as com seu estilo;
E nos faz dar gargalhadas
Ao contar as presepadas
Das "Proezas de João Grilo[3]".

Como gênero textual
O cordel é respaldado,
Até pelos PCN's
É citado e indicado.
Pra estar na educação
Não precisa adequação,
Por si já é adequado.

Explícito ou nas entrelinhas,
Se o docente observar,
O cordel é muito rico
Pra quem deseja ensinar.
Isto eu afirmo sem medo:
O cordel, em seu enredo,
É multidisciplinar.

O cordel reconta fábula,
Lenda, história de Trancoso...
Vai das Mil e Uma Noites
Ao conto maravilhoso,
Sem limites pra sonhar
Ele nos faz viajar
Num "Pavão Misterioso[2]".

Tudo se pode encontrar
Nesse gênero de poesia:
De noções de Matemática
À História e Geografia,
Arte, Ciência e bem mais,
Como os temas transversais
Úteis para o dia a dia.

O cordel, por sua essência,
Pode ser lido e cantado.
Porém pra isso precisa
Ser escrito com cuidado:
Sem fugir à tradição
Só cumpre a sua função
Rimado e metrificado.

Em programas de Governo
O cordel segue seguro:
Chegou às salas de aula,
Saiu do "limbo" obscuro.
Pela sua atuação
Teve notória atenção
No *Salto Para o Futuro*[4]!

O cordel me deu espaço
No mundo dos escritores.
Eu como autor cordelista
Conheço bem seus valores.
Sem me fazer de rogado
Quero deixar meu recado
Aos nossos educadores:

O cordel forma leitores,
Mexe com a imaginação.
Por seus enredos rimados
Ler se torna diversão:
Ele entretém e ensina;
Use, em qualquer disciplina,
Cordel na educação!

Notas

1 - Referência à novela Cordel encantado, exibida pela Rede Globo de Televisão em 2011.

2 - Romance do pavão misterioso, cordel clássico (um dos mais famosos) do autor paraibano José Camelo de Melo Rezende. Texto que inspirou o cantor Ednardo na composição de uma música que se tornou tema da novela Saramandaia (telenovela de Dias Gomes, que foi exibida na Rede Globo, às 22h, entre 3 de maio a 31 de dezembro de 1976).

3 - As proezas de João Grilo, cordel de gracejo de João Ferreira de Lima, cujo personagem foi usado por Ariano Suassuna em seu Auto da Compadecida.

4 - Referência ao programa Salto para o Futuro (da TV Escola, do MEC) que exibiu de 18 a 22 de outubro de 2010 a série Literatura de Cordel e escola.

1 dom seg ter qua qui sex sáb

dom seg ter qua qui sex sáb 2

3 dom seg ter qua qui sex sáb

OUT

dom seg ter qua qui sex sáb 4

5 dom seg ter qua qui sex sáb

dom seg ter qua qui sex sáb **6**

7 dom seg ter qua qui sex sáb

dom seg ter qua qui sex sáb **8**

OUT

9 dom seg ter qua qui sex sáb

dom seg ter qua qui sex sáb **10**

11 dom seg ter qua qui sex sáb

dom seg ter qua qui sex sáb 12

13 dom seg ter qua qui sex sáb

OUT

dom seg ter qua qui sex sáb 14

15 dom seg ter qua qui sex sáb

dom seg ter qua qui sex sáb **16**

17 dom seg ter qua qui sex sáb

dom seg ter qua qui sex sáb **18**

OUT

19 dom seg ter qua qui sex sáb

dom seg ter qua qui sex sáb **20**

21 dom seg ter qua qui sex sáb

dom seg ter qua qui sex sáb **22**

23 dom seg ter qua qui sex sáb

OUT

dom seg ter qua qui sex sáb **24**

25 dom seg ter qua qui sex sáb

dom seg ter qua qui sex sáb **26**

27 dom seg ter qua qui sex sáb

dom seg ter qua qui sex sáb **28**

OUT

29 dom seg ter qua qui sex sáb

dom seg ter qua qui sex sáb **30**

Anotações

A educação seria a arte de parecer inofensivo.

Corrado Álvaro

Novembro

Novembro é o décimo primeiro mês do ano do calendário gregoriano, tendo a duração de 30 dias. Deve o seu nome à palavra latina *novem* (nove), dado que era o nono mês do calendário romano, que começava em março.

O Ensino das Africanidades na Escola de Educação Básica

Cicera Nunes

Pedagoga pela Universidade Regional do Cariri/Urca, Especialista em Arte-Educação também pela Urca, é Mestre e Doutora em Educação Brasileira pela Universidade Federal do Ceará (UFC).

A Lei Nº. 10.639, sancionada em 09 de janeiro de 2003, surge como resultado das ações movidas pelas organizações dos movimentos negros que ao longo da história reivindicaram uma reavaliação da participação desse grupo na construção da sociedade brasileira e denunciaram a violência simbólica e física que sempre incidiu historicamente sobre o povo negro. A referida Lei alterou a LDB 9.394/96, tornando obrigatório o ensino da história e cultura afro em todo o currículo da educação básica das escolas públicas e particulares.

De acordo com esta determinação legal, a escola é colocada com destaque tendo em vista a sua responsabilidade na formação integral do ser humano, na construção de valores, na produção e reprodução da cultura. Reconhecemos que esta instituição não é a única instituição responsável pela superação das desigualdades raciais, no entanto é um espaço privilegiado para a superação dos limites de uma educação eurocêntrica que desqualifica e nega a existência dos africanos e seus descendentes.

A escola enquanto uma instituição que tem o papel de organizar, socializar e transmitir o conhecimento sobre a história, a cultura e a sociedade deve atuar no sentido de desconstruir concepções pejorativas sobre o povo negro. Por isso, a necessidade de se compreender as especificidades histórico-culturais desse grupo no Brasil, problematizar e ampliar essa discussão, assim como trabalhar a partir dos referenciais positivos que histórica e politicamente foram construídos pelos movimentos de maioria afrodescendente (GOMES, 2003)[1].

Os programas de formação inicial e continuada devem oferecer aos docentes conhecimentos da participação africana na construção da sociedade brasileira, como conteúdo importante para a desconstrução dos equívocos cometidos contra esses povos e para a eliminação das práticas racistas que se manifestam no espaço escolar. Os

1 GOMES, Nilma Lino. Cultura negra e educação. *In*.: **Revista Brasileira de Educação**. Rio de Janeiro: Autores Associados, ano 23, mai/jun/jul/ago, 2003. (Edição Especial).

órgãos responsáveis pela educação na sociedade brasileira devem assumir essa discussão no trabalho de superação das desigualdades raciais e oportunizar um melhor conhecimento da nossa história. Uma proposta pedagógica que leve alunos e alunas que frequentam as escolas brasileiras a identificar a presença africana no nosso cotidiano é fundamental no processo de construção da identidade étnica. Por isso, precisamos identificar e conhecer o legado africano presente na nossa vida, na nossa história, enquanto conteúdo relevante que deve ser trabalhado pedagogicamente na escola.

Gomes (2003, p. 78) propõe que o trabalho com essa problemática na escola deve se dar a partir de práticas pedagógicas que estejam voltadas para o combate à discriminação racial, com a divulgação da radicalidade da cultura negra, rompendo com o discurso que a coloca no campo do exótico e do folclórico e questionando o mito da democracia racial. "Significa resgatar a positividade dessa cultura, a sua beleza, a sua radicalidade e sua presença na constituição da nossa formação cultural". Podemos compreender por cultura negra a herança africana recriada e ressignificada no contexto brasileiro. Esta cultura está presente na dança, na música, na estética, no jeito de lidar com a terra, na religiosidade, na arquitetura, no jeito de ser e viver do povo brasileiro.

As reflexões sobre uma educação que valorize o pluralismo de culturas e reconheça a importância do povo africano na construção da sociedade brasileira, deve levar em consideração a necessidade de se conhecer e valorizar o patrimônio afro-brasileiro da localidade. Perseguimos uma perspectiva pedagógica, onde as crianças e jovens negros/as possam assumir uma identidade positiva de si e de sua territorialidade e desenvolver atitudes positivas de respeito às diferenças.

Diante do exposto, a escola não pode ficar alheia aos conhecimentos que envolvem o universo cultural no qual o aluno está inserido e que ampliam os fatos históricos que envolvem a sua vida, pois temos direito a uma educação que recupere nossas memórias-históricas e fortaleça as identidades e, nesse contexto, é importante a valorização dos conhecimentos tradicionais das nossas comunidades.

Essa educação também abre possibilidades para que se reconheça a pluralidade de culturas como um fator positivo da sociedade brasileira. Esta escola precisa se transformar num espaço de troca de conhecimentos, atuar no enriquecimento individual e coletivo dos alunos que a frequentam mediando as suas relações com os outros grupos, mas sem negar os seus referenciais, possibilitar que os alunos negros sintam orgulho da sua cultura e afirmem a sua autoestima.

Segundo as Diretrizes Curriculares Nacionais para a Educação das Relações Étnico-Raciais e para o Ensino da História e Cultura Afro-Brasileira e Africana (2004)[2], as bases filosóficas e pedagógicas voltadas para a pedagogia antirracista devem ter como princípios:

1. Consciência política e histórica da diversidade: conduzindo à igualdade entre as pessoas pertencentes a grupos étnico-raciais distintos e a valorização da sua história e da sua cultura, de forma a superar a indiferença, injustiça e desqualificação, especialmente com negros e indígenas. Neste sentido, é necessário o compromisso dos responsáveis pela educação, em especial as equipes técnico-pedagógicas e os/as professores/as com o estudo dos conteúdos referentes a estes temas para que possam tomar conhecimento e promover a valorização da participação desses povos na construção histórica e cultural brasileira. E ainda, a eliminação de conceitos, ideias, comportamentos que são veiculados pela ideologia do branqueamento e pelo mito da democracia racial.

2. Fortalecimento de identidades e de direitos: este princípio orienta o rompimento com imagens negativas repassadas pelos meios de comunicação, o combate à privação e violação de

2 BRASIL. Ministério da Educação. **Diretrizes Curriculares Nacionais para o Ensino da História e Cultura Afro-Brasileira e Africana.** Brasília: MEC, 2004.

direitos, importantes no processo de afirmação das identidades que foram historicamente negadas e distorcidas. Este diz respeito ainda às condições de formação e instrução de qualidade, nos diferentes níveis e nas modalidades de ensino, em todos os estabelecimentos, sejam eles localizados nos grandes centros urbanos, nas periferias ou nas zonas rurais.

3. Ações educativas de combate ao racismo e às discriminações: o princípio orienta para o desenvolvimento de experiência educativa que parta da história e vida dos alunos e professores, valorizando as suas relações com pessoas negras, brancas, mestiças, indígenas. Condições para que os professores, alunos e coordenadores pedagógicos avaliem criticamente a representação dos negros e de outras minorias nos textos e demais materiais didáticos. Valorização da oralidade, da corporeidade e da arte, como as danças que são marcas da cultura de raiz africana. Valorização do patrimônio cultural afro-brasileiro, visando a sua preservação e difusão. Manter uma relação permanente com grupos do Movimento Negro e grupos culturais negros, bem como com a comunidade local oportunizando-os a participação na elaboração de projetos político-pedagógicos que contemplem a diversidade étnico-racial.

4. Reconhecemos a essência plural e complexa da cultura africana e afro-brasileira e, por este motivo é necessário que o Estado reconheça essas diversidades, promovendo políticas públicas que garantam a essas diversas culturas o direito de atuarem na esfera pública de forma a romper com uma concepção que nega as práticas culturais produzidas pelos grupos afrodescendentes o seu caráter histórico, social, educativo.

dom seg ter qua qui sex sáb **1**

2 dom seg ter qua qui sex sáb

dom seg ter qua qui sex sáb **3**

NOV

4 dom seg ter qua qui sex sáb

dom seg ter qua qui sex sáb **5**

6 dom seg ter qua qui sex sáb

dom seg ter qua qui sex sáb **7**

8 dom seg ter qua qui sex sáb

dom seg ter qua qui sex sáb **9**

10 dom seg ter qua qui sex sáb

dom seg ter qua qui sex sáb **11**

12 dom seg ter qua qui sex sáb

dom seg ter qua qui sex sáb **13**

NOV

14 dom seg ter qua qui sex sáb

dom seg ter qua qui sex sáb **15**

16 dom seg ter qua qui sex sáb

dom seg ter qua qui sex sáb **17**

18 dom seg ter qua qui sex sáb

NOV

dom seg ter qua qui sex sáb **19**

20 dom seg ter qua qui sex sáb

dom seg ter qua qui sex sáb **21**

22 dom seg ter qua qui sex sáb

dom seg ter qua qui sex sáb **23**

NOV

24 dom seg ter qua qui sex sáb

dom seg ter qua qui sex sáb **25**

26 dom seg ter qua qui sex sáb

dom seg ter qua qui sex sáb 27

28 dom seg ter qua qui sex sáb

NOV

dom seg ter qua qui sex sáb 29

30 dom seg ter qua qui sex sáb

Anotações

NOV

Anotações

NOV

O que é ensinado em escolas e universidades não representa educação, mas são meios para obtê-la.

Ralph Emerson

Dezembro

Dezembro é o décimo segundo e último mês do ano do calendário gregoriano, tendo a duração de 31 dias. Dezembro deve o seu nome à palavra latina *decem* (dez), dado que era o décimo mês do calendário romano, que começava em março. Em 21 de dezembro ou data próxima, o Sol atinge o ponto mais ao sul em sua trajetória pelo céu. É o solstício de inverno, começo do inverno no hemisfério norte e do verão no hemisfério sul.

O desafio de educar em valores numa crise de valores

Fernando Paixão

Formado em Teologia, e pós-graduado em Arte-Educação e Cultura Popular da Faculdade de Tecnologia Darcy Ribeiro. É professor da ESPAC (Escola de Pastoral Catequética) da Arquidiocese de Fortaleza e assessor de temas bíblico-teológicos.

O chamado mundo pós-moderno apresenta um cenário desafiador àqueles que se empenham na difícil, mas sublime arte de educar. Desafiador porque traz contradições gritantes: em meio a tantos avanços científicos e tecnológicos há uma crise de identidade e uma consequente desumanização das pessoas.

Em meio a esta crise de valores, o ser humano vai perdendo suas raízes, seus referenciais e perde gradativamente sua dignidade e a condição de sujeito de sua história. Portanto, a educação precisa vincular-se aos valores, de modo que não se conceba a educação sem eles.

É preciso determinar em que valores educar e que tipo de ser humano se deseja formar. Primeiramente é preciso educar para um dos valores mais importantes do ser humano, a liberdade. "Só se educa o ser humano libertando-o; só se liberta o ser humano educando-o". Libertar-se é possuir-se de forma mais completa, é ter uma personalidade melhor, transformar-se num ser mais pleno, mais firme e mais seguro; é capacitar-se para formular e realizar seu projeto pessoal, não permitindo que a lógica do capital deste mundo neoliberal desvirtue sua vocação primeira: ser gente e viver dignamente.

Precisamos educar incutindo referências que sejam determinantes para que o indivíduo seja um agente de mudanças; que ele desempenhe um verdadeiro processo de conversão, assumindo novas atitudes diante da sociedade e de si mesmo. Educar, sobretudo a juventude, para que abra caminhos para novos conceitos de valores neste mundo de crise de valores.

Vivemos na Civilização do Capital com sua capacidade de destruição da vida, porque seu modo de organizar a vida social, formas de pensar, de sentir, de agir, de viver, de (com)viver... são voltadas para expansão e a acumulação do capital, desconsiderando as necessidades humanas. Esse sistema transforma tudo em mercadoria, entrando nos diferentes domínios e campos da vida coletiva, como o campo cultural, o religioso, o simbólico... Tudo é submetido à mercantilização. E essa civilização cujos valores têm um significado nas histórias de vida das pessoas influi sobre as crianças, adolescentes e jovens desejos de posse como: dinheiro, consumo, status, conforto, o prazer imediato, etc., incentivando o individualismo e acirrando competição, em detrimento de valores como a fraternidade, a partilha, a amizade, a solidariedade, a justiça e a paz.

Numa sociedade de crise de valores, educar é uma exigência irreversível, assim, a primeira exigência para educadores e instituições de ensino é enxergar a luz no túnel, é exercitar um novo olhar sobre o mundo, sobre a vida... procurar tirar os véus e ver para além do que nos é dado ver. Não é só a escola a responsável pela educação em valores, todos somos responsáveis: a escola, a sociedade e a família. Assim, com a força da educação, teremos uma sociedade de homens e mulheres conscientes, livres e felizes, sujeitos de sua própria história e capazes de pensar, refletir e discutir a sociedade e seus valores.

dom seg ter qua qui sex sáb **1**

2 dom seg ter qua qui sex sáb

dom seg ter qua qui sex sáb **3**

DEZ

4 dom seg ter qua qui sex sáb

dom seg ter qua qui sex sáb **5**

6 dom seg ter qua qui sex sáb

dom seg ter qua qui sex sáb 7

8 dom seg ter qua qui sex sáb

DEZ

dom seg ter qua qui sex sáb 9

10 dom seg ter qua qui sex sáb

dom seg ter qua qui sex sáb **11**

12 dom seg ter qua qui sex sáb

dom seg ter qua qui sex sáb **13**

DEZ

14 dom seg ter qua qui sex sáb

dom seg ter qua qui sex sáb **15**

16 dom seg ter qua qui sex sáb

dom seg ter qua qui sex sáb 17

18 dom seg ter qua qui sex sáb

DEZ

dom seg ter qua qui sex sáb 19

20 dom seg ter qua qui sex sáb

dom seg ter qua qui sex sáb **21**

22 dom seg ter qua qui sex sáb

dom seg ter qua qui sex sáb **23**

DEZ

24 dom seg ter qua qui sex sáb

dom seg ter qua qui sex sáb **25**

26 dom seg ter qua qui sex sáb

dom seg ter qua qui sex sáb 27

28 dom seg ter qua qui sex sáb

DEZ

dom seg ter qua qui sex sáb 29

30 dom seg ter qua qui sex sáb

dom seg ter qua qui sex sáb **31**

Anotações

DEZ

Anotações

DEZ

Tolerar a desordem é consequência de uma educação falha.

Talmude

O novo Plano Nacional de Educação

Monitore as metas e as estratégias para os próximos dez anos na área da Educação.

1 Educação Infantil

Universalizar, até 2016, a educação infantil na pré-escola para as crianças de quatro a cinco anos de idade e ampliar a oferta de educação infantil em creches de forma a atender, no mínimo, 50% das crianças de até três anos até o final da vigência deste PNE.

2 Ensino Fundamental

Universalizar o ensino fundamental de nove anos para toda a população de seis a 14 anos e garantir que pelo menos 95% dos alunos concluam essa etapa na idade recomendada, até o último ano de vigência deste PNE.

3 Ensino Médio

Universalizar, até 2016, o atendimento escolar para toda a população de 15 a 17 anos e elevar, até o final do período de vigência deste PNE, a taxa líquida de matrículas no ensino médio para 85%.

4 Educação Especial/Inclusiva

Universalizar, para a população de quatro a 17 anos, o atendimento escolar aos estudantes com deficiência, transtornos globais do desenvolvimento e altas habilidades ou superdotação na rede regular de ensino.

5 Alfabetização

Alfabetizar todas as crianças, no máximo, até os oito anos de idade, durante os primeiros cinco anos de vigência do plano; no máximo, até os sete anos de idade, do sexto ao nono ano de vigência do plano; e até o final dos seis anos de idade, a partir do décimo ano de vigência do plano.

6 Educação Integral

Oferecer educação em tempo integral em, no mínimo, 50% das escolas públicas, de forma a atender, pelo menos, 25% dos alunos da educação básica.

7 Aprendizado Adequado na Idade Certa

Fomentar a qualidade da educação básica em todas as etapas e modalidades, com melhoria do fluxo escolar e da aprendizagem de modo a atingir as seguintes médias nacionais para o Ideb :

Ideb	2015	2017	2019	2021
Anos iniciais do ensino fundamental	5,2	5,5	5,7	6
Anos finais do ensino fundamental	4,7	5	5,2	5,5
Ensino médio	4,3	4,7	5	5,2

8 Escolaridade Média

Elevar a escolaridade média da população de 18 a 29 anos, de modo a alcançar no mínimo 12 anos de estudo no último ano de vigência deste Plano, para as populações do campo, da região de menor escolaridade no País e dos 25% mais pobres, e igualar a escolaridade média entre negros e não negros declarados à Fundação Instituto Brasileiro de Geografia e Estatística (IBGE.)

9 Alfabetização e Alfabetismo de Jovens e Adultos

Elevar a taxa de alfabetização da população com 15 anos ou mais para 93,5% até 2015 e, até o final da vigência deste PNE, erradicar o analfabetismo absoluto e reduzir em 50% a taxa de analfabetismo funcional.

10 EJA Integrada à Educação Profissional

Oferecer, no mínimo, 25% das matrículas de educação de jovens e adultos, na forma integrada à educação profissional, nos ensinos fundamental e médio.

11 Educação Profissional

Triplicar as matrículas da educação profissional técnica de nível médio, assegurando a qualidade da oferta e pelo menos 50% de gratuidade na expansão de vagas.

12 Educação Superior

Elevar a taxa bruta de matrícula na educação superior para 50% e a taxa líquida para 33% da população de 18 a 24 anos, assegurando a qualidade da oferta.

13 Titulação de Professores da Educação Superior

Elevar a qualidade da educação superior e ampliar a proporção de mestres e doutores do corpo docente em efetivo exercício no conjunto do sistema de educação superior para 75%, sendo, do total, no mínimo, 35% de doutores.

14 Pós-graduação

Elevar gradualmente o número de matrículas na pós-graduação *stricto sensu*, de modo a atingir a titulação anual de 60 mil mestres e 25 mil doutores.

15 Formação de Professores

Garantir, em regime de colaboração entre a União, os estados, o Distrito Federal e os municípios, no prazo de um ano de vigência deste PNE, política nacional de formação dos profissionais da educação de que tratam os incisos I, II e III do art. 61 da Lei nº 9.394/1996, assegurando-lhes a devida formação inicial, nos termos da legislação, e formação continuada em nível superior de graduação e pós-graduação, gratuita e na respectiva área de atuação.

16 Formação Continuada e Pós-graduação de Professores

Formar, até o último ano de vigência deste PNE, 50% dos professores que atuam na educação básica em curso de pós-graduação *stricto* ou *lato sensu* em sua área de atuação, e garantir que os profissionais da educação básica tenham acesso à formação continuada, considerando as necessidades e contextos dos vários sistemas de ensino.

17 Valorização do Professor

Valorizar os profissionais do magistério das redes públicas de educação básica de forma a equiparar seu rendimento médio ao dos demais profissionais com escolaridade equivalente, até o final do sexto ano de vigência deste PNE.

18 Plano de Carreira Docente

Assegurar, no prazo de dois anos, a existência de planos de carreira para os profissionais da educação básica e superior pública de todos os sistemas de ensino e, para o plano de carreira dos profissionais da educação básica pública, tomar como referência o piso salarial nacional profissional, definido em lei federal, nos termos do inciso VIII do art. 206 da Constituição Federal.

19 Gestão Democrática

Garantir, em leis específicas aprovadas no âmbito da União, dos estados, do Distrito Federal e dos municípios, a efetivação da gestão democrática na educação básica e superior pública, informada pela prevalência de decisões colegiadas nos órgãos dos sistemas de ensino e nas instituições de educação, e forma de acesso às funções de direção que conjuguem mérito e desempenho à participação das comunidades escolar e acadêmica, observada a autonomia federativa e das universidades.

20 Financiamento da Educação

Ampliar o investimento público em educação de forma a atingir, no mínimo, o patamar de 7% do Produto Interno Bruto (PIB) do País no quinto ano de vigência desta Lei e, no mínimo, o equivalente a 10% do PIB no final do decênio.

A Literatura Infantil e Juvenil

As histórias infantis surgiram durante o século 18 (enquanto a burguesia europeia via a ascensão vertiginosa e a disseminação de suas ideias e valores se espalhar por todo o continente) como uma tentativa de catequizar os pequenos e moldá-los dentro dos conceitos básicos do bom comportamento burguês.

As histórias do francês Perrault e dos alemães Grimm destinavam-se à função de educar crianças, de ensiná-las a viver no mundo "tal qual ele era". Com a crescente incorporação de costumes europeus no Brasil, também esta literatura de fundo "utilitário" foi absorvida. Só em 1921, com a publicação de "A Menina do Narizinho Arrebitado", é que Monteiro Lobato rompe com essa tradição e se aventura por um mundo em que o texto e a estética se sobrepõem aos ensinamentos propostos. Mais tarde, o próprio criador do " Sítio do Pica-Pau Amarelo" se dedicaria a escrever livros didáticos. Somente na década de 70, ajudada pela criação da FNLIJ e pela Lei de Diretrizes e Bases (de 1972), a produção da literatura infantil e juvenil brasileira ganharia um caráter próprio, fora do modelo educador europeu ou da simples tradução de autores reconhecidos no exterior.

Fonte: Bárbara Soalheiro, in Revista Palavra #13, maio/2000

EDUCAÇÃO LEGAL

Constituição Federal de 1988
http://www.planalto.gov.br/ccivil_03/Constituicao/ConstituicaoCompilado.htm

Estatuto da Criança e do Adolescente (ECA)
Lei 8069 / 1990
http://www.planalto.gov.br/ccivil_03/Leis/L8069Compilado.htm

Lei de Diretrizes e Bases da Educação (LDB)
Lei 9394 / 1996
https://www.planalto.gov.br/ccivil_03/Leis/L9394.htm

Fundef - Emenda Constitucional 14 / 1996
http://www.planalto.gov.br/ccivil_03/Constituicao/Emendas/Emc/emc14.htm

Lei 9424 /1996
http://www.planalto.gov.br/ccivil_03/Leis/L9424compilado.htm

Fundeb - Emenda Constitucional 53 / 2006
http://www.planalto.gov.br/ccivil_03/Constituicao/Emendas/Emc/emc53.htm

Lei 11494 / 2007
http://www.planalto.gov.br/ccivil_03/_Ato2007-2010/2007/Lei/L11494.htm

Plano Nacional de Educação - Lei 10172 / 2001
http://www.planalto.gov.br/ccivil_03/Leis/LEIS_2001/L10172.htm

Projeto de Lei do novo PNE:
http://portal.mec.gov.br/index.php?option=com_content&view=article&id=12907

Piso Salarial - Lei 11738 / 2008
http://www.planalto.gov.br/ccivil_03/_Ato2007-2010/2008/Lei/L11738.htm

O símbolo ao lado de cada link, ainda desconhecido por muitos, chama-se QR Code (abreviação em inglês para Código de Resposta Rápida). Nesse quadradinho cabem números, letras e caracteres que podem ser acessados por você. Para acessar o conteúdo desse código de barra bidimensional, baixe para seu Smartphone um App leitor de QR Code e aprecie na íntegra as informações. Você também pode optar por digitar os links especificados.

Calendário permanente (1901 - 2092)

Tabela A - Anos							
1901 - 2000				2001 - 2092			
	25	53	81		09	37	65
	26	54	82		10	38	66
	27	55	83		11	39	67
	28	56	84		12	40	68
01	29	57	85		13	41	69
02	30	58	86		14	42	70
03	31	59	87		15	43	71
04	32	60	88		16	44	72
05	33	61	89		17	45	73
06	34	62	90		18	46	74
07	35	63	91		19	47	75
08	36	64	92		20	48	76
09	37	65	93		21	49	77
10	38	66	94		22	50	78
11	39	67	95		23	51	79
12	40	68	96		24	52	80
13	41	69	97		25	53	81
14	42	70	98		26	54	82
15	43	71	99		27	55	83
16	44	72	00		28	56	84
17	45	73		01	29	57	85
18	46	74		02	30	58	86
19	47	75		03	31	59	87
20	48	76		04	32	60	88
21	49	77		05	33	61	89
22	50	78		06	34	62	90
23	51	79		07	35	63	91
24	52	80		08	36	64	92

Tabela B - Meses											
J	F	M	A	M	J	J	A	S	O	N	D
4	0	0	3	5	1	3	6	2	4	0	2
5	1	1	4	6	2	4	0	3	5	1	3
6	2	2	5	0	3	5	1	4	6	2	4
0	3	4	0	2	5	0	3	6	1	4	6
2	5	5	1	3	6	1	4	0	2	5	0
3	6	6	2	4	0	2	5	1	3	6	1
4	0	0	3	5	1	3	6	2	4	0	2
5	1	2	5	0	3	5	1	4	6	2	4
0	3	3	6	1	4	6	2	5	0	3	5
1	4	4	1	2	5	0	3	6	1	4	6
2	5	5	1	3	6	1	4	0	2	5	0
3	6	0	3	5	1	3	6	2	4	0	2
5	1	1	4	6	2	4	0	3	5	1	3
6	2	2	5	0	3	5	1	4	6	2	4
0	3	3	6	1	4	6	2	5	0	3	5
1	4	5	1	3	6	1	4	0	2	5	0
3	6	6	2	4	0	2	5	1	3	6	1
4	0	0	3	5	1	3	6	2	4	0	2
5	1	1	4	6	2	4	0	3	5	1	3
6	2	3	6	1	4	6	2	5	0	3	5
1	4	4	0	2	5	0	3	6	1	4	6
2	5	5	1	3	6	1	4	0	2	5	0
3	6	6	2	4	0	2	5	1	3	6	1
4	0	1	4	6	2	4	0	3	5	1	3
6	2	2	5	0	3	5	1	4	6	2	4
0	3	3	6	1	4	6	2	5	0	3	5
1	4	4	0	2	5	0	3	6	1	4	6
2	5	6	2	4	0	2	5	1	3	6	1

Tabela C						
Dias da Semana						
D	1	8	15	22	29	36
S	2	9	16	23	30	37
T	3	10	17	24	31	
Q	4	11	18	25	32	
Q	5	12	19	26	33	
S	6	13	20	27	34	
S	7	14	21	28	35	

Como descobrir o dia da semana

Suponha que você queira descobrir o dia da semana que cairá 2/08/2020.

Procure na **TABELA A** os últimos dois dígitos do ano de 2020 (neste caso, 20). Siga essa mesma linha à direita, parando no mês de agosto da **TABELA B**. Ao número encontrado (neste caso, 6), adicione o número do dia em que deseja descobrir a semana (no caso, dia 2) e terá um resultado igual a 8. Verifique na **TABELA C** em que dia da semana cai o número 8. Neste caso seria em um domingo, indicado na **TABELA C** pela letra D.

Reunião

data / / local

assunto

participantes

início término

Reunião

data / / local

assunto

participantes

início término

Reunião

data / / local

assunto

participantes

início término

Reunião

data / / local

assunto

participantes

início término

Reunião

data / / local

assunto

participantes

início término

ARTE-TERAPIA

Colorir não é um ato reservado apenas para crianças.

Esta atividade envolve sentar-se relaxadamente, observar as imagens e elementos apresentados - de modo a melhor imaginar as cores - e controlar a respiração.

Colorir favorece a concentração, a precisão e a utilização coordenada de ambos os hemisférios cerebrais.

Disto, resulta uma sensação de relaxamento e uma maior capacidade de estar consigo mesmo.

Orçamento Mensal

RECEITA	Janeiro	Fevereiro	Março
Salário / Pró-labore			
Gratificação / Prêmios			
Outras rendas			
Total			

DESPESAS	Janeiro	Fevereiro	Março
Colégio / Educação			
Lazer			
Alimentação			
Saúde			
Luz / Água			
Gás de cozinha			
Aluguel			
Condomínio			
Telefone			
Diarista			
Cartão de crédito			
Internet			
Vestuário			
Transporte			
Doações			
Total			

Orçamento Mensal

RECEITA	Abril	Maio	Junho
Salário / Pró-labore			
Gratificação / Prêmios			
Outras rendas			
Total			

DESPESAS	Abril	Maio	Junho
Colégio / Educação			
Lazer			
Alimentação			
Saúde			
Luz / Água			
Gás de cozinha			
Aluguel			
Condomínio			
Telefone			
Diarista			
Cartão de crédito			
Internet			
Vestuário			
Transporte			
Doações			
Total			

Orçamento Mensal

	Julho	Agosto	Setembro
RECEITA			
Salário / Pró-labore			
Gratificação / Prêmios			
Outras rendas			
Total			

	Julho	Agosto	Setembro
DESPESAS			
Colégio / Educação			
Lazer			
Alimentação			
Saúde			
Luz / Água			
Gás de cozinha			
Aluguel			
Condomínio			
Telefone			
Diarista			
Cartão de crédito			
Internet			
Vestuário			
Transporte			
Doações			
Total			

Orçamento Mensal

	Outubro	Novembro	Dezembro
RECEITA			
Salário / Pró-labore			
Gratificação / Prêmios			
Outras rendas			
Total			

DESPESAS	Outubro	Novembro	Dezembro
Colégio / Educação			
Lazer			
Alimentação			
Saúde			
Luz / Água			
Gás de cozinha			
Aluguel			
Condomínio			
Telefone			
Diarista			
Cartão de crédito			
Internet			
Vestuário			
Transporte			
Doações			
Total			